# 人文素质教育创新研究

付婷婷 ◎ 著

吉林出版集团股份有限公司

## 图书在版编目（CIP）数据

人文素质教育创新研究 / 付婷婷著. — 长春：吉林出版集团股份有限公司，2024.3

ISBN 978-7-5731-4704-2

Ⅰ.①人… Ⅱ.①付… Ⅲ.①人文素质教育—研究 Ⅳ.①G40-012

中国国家版本馆CIP数据核字（2024）第059663号

## 人文素质教育创新研究
RENWEN SUZHI JIAOYU CHUANGXIN YANJIU

| 著　　者 | 付婷婷 |
|---|---|
| 责任编辑 | 滕　林 |
| 封面设计 | 林　吉 |
| 开　　本 | 710mm×1000mm　　1/16 |
| 字　　数 | 220千 |
| 印　　张 | 13.5 |
| 版　　次 | 2024年3月第1版 |
| 印　　次 | 2024年3月第1次印刷 |
| 出版发行 | 吉林出版集团股份有限公司 |
| 电　　话 | 总编办：010-63109269 |
| | 发行部：010-63109269 |
| 印　　刷 | 廊坊市广阳区九洲印刷厂 |

ISBN 978-7-5731-4704-2　　　　　　　　　　　　定价：78.00元

**版权所有　侵权必究**

# 前　言

　　教育，扮演着塑造未来的重要角色。人类社会的发展离不开知识的传承和创新，人文素质教育则是培养创新者、领袖和思考者的关键路径。在当今快速变化的世界中，传统的教育模式正在经受挑战，我们需要寻求创新的方式来满足不断变化的需求。

　　教育不仅传授知识，更对社会进步起到推动作用。从历史的角度看，教育一直在引导着社会的发展方向，同时也受到社会的影响。人文素质教育不仅是传授知识，更是培养学生的思维能力、创造力和社会责任感。

　　人文素质教育的创新需要我们共同努力，从不同的角度思考和探索。这本书围绕教育创新发展展开，我们希望它能够激发更多的讨论和行动，推动教育领域的进步，为未来的社会和世界培养更多有品格、有创造力和有影响力的公民。

付婷婷<br>2023 年 10 月

# 目 录

## 第一章 人文素养基础理论 … 1
### 第一节 人文教育导论 … 1
### 第二节 现代人文主义技术哲学 … 12
### 第三节 道德的发展和教育 … 24

## 第二章 人文素质教育的现状及发展 … 50
### 第一节 对我国高校人文素质教育的思考 … 50
### 第二节 大学人文素质教育的重要性 … 65
### 第三节 我国高校人文素质教育体系建设 … 74
### 第四节 科学素质教育与人文素质教育整合 … 87

## 第三章 人文素质教育的原则、途径和方法 … 94
### 第一节 人文素质教育的原则 … 94
### 第二节 人文素质教育的途径 … 104
### 第三节 人文素质教育的方法 … 123

## 第四章 人文素质教育的价值与功能 … 132
### 第一节 人文素质教育的个体价值 … 132
### 第二节 人文素质教育的社会价值 … 140
### 第三节 人文素质教育的社会功能 … 148

## 第五章　大学生人文素质全面发展研究 …… 153

第一节　大学生心理素质教育 …… 153

第二节　大学生美育素质教育 …… 163

第三节　大学生科学素质教育 …… 173

第四节　其他方面的人文素质教育 …… 188

## 第六章　大学生人文素质教育的拓展渠道 …… 191

第一节　举办高校名师讲坛 …… 191

第二节　规范校园文化活动 …… 196

第三节　建立科学的考评机制 …… 202

## 参考文献 …… 208

# 第一章 人文素养基础理论

## 第一节 人文教育导论

人文教育是培养人的独立思考、自主意识、正确自我认知和发展的重要途径,本节从人文教育的角度出发,阐述了人文教育的必要性、高校在人文教育中存在的问题及提升大学生人文素养的途径。

### 一、人文教育内涵及大学生接受人文教育的主要途径

#### (一)人文教育内涵

"人文教育"是当今教育理论界使用比较普遍的一个专业术语,尤其是20世纪90年代以来,"人文教育"一词的使用变得相当广泛,然而,对于人文教育的内涵,国内外学术界并没有一个严格统一的界定。笔者通过对人文教育历史发展和演进的概括研究,认为人文教育的本质乃是弘扬人性,以人文精神为价值取向的教育。它以对学生主体性的尊重为前提,以个人潜能的最大发展为目标,以发展学生正确处理本我和自我关系、人己关系、物我关系的能力为目的,指导学生的行为朝着合人道、合规律、合人类共同利益

的方向发展。

## （二）大学生接受人文教育的主要途径

1. 人文课程

人文课程主要包括政治类公共必修课程和人文类选修课程。政治类公共必修课作为人文教育、通识教育的主阵地，无论是培养"全才"或是"专才"，其所能发挥的巨大作用都是毋庸置疑的。选修课作为人文教育一个重要的补充方面，以提供丰富多样的课程来增强学生选择的灵活性与自主性，充分激发学生的学习潜能，促进学生既全面又充满个性地成长。

2. 教师的人文关怀及知识传授

在人文理念真正走入学生心灵，影响学生为人、做事的教育过程中，教师发挥着巨大的作用，其言谈举止、学术素养等都会潜移默化地影响学生价值观的形成。影响教师对学生进行人文教育的主要因素有：教师本人的人文素养、专业课上的人文知识传授和师生互动交流中的人文教育。

3. 校园文化环境

校园文化环境潜移默化地影响着大学生人文知识的积累、人文素养的形成及人文精神的熏陶，健康高雅的文化环境对于大学生的成才成长起着不可低估的催化作用。

## 二、大学生人文教育现状及需求调查

### （一）大学生人文教育现状

长期以来，我国的高等教育过分强调科学教育的重要性，甚至以科学教育代替人文教育，导致我国的人文教育不能适应我国改革开放和经济社会发展对高素质人才的需求。因此，加强大学生人文教育，提高大学生的人文素质，已经成为我国高等教育面临的迫切任务。

自 1995 年以来，高校开始逐渐重视并实施人文教育，高等教育中专业教育过窄、人文教育过弱的现象得到了一定改善。但是，高等教育中"重理工、轻人文"的倾向仍然存在，大学校园中商业气息遮盖人文氛围的现象比比皆是，大学生信仰危机和价值观的迷失也非常普遍。目前各高校虽然对于人文教育的重要性有一定认识，但在落实中却存在诸多问题：高校领导、教师和学生对人文教育的理解不到位、课程体系不够规范、学生及教师素养还需提高等。在人文教育推进过程中，教育管理者应该考虑学生到底适合什么样的教育模式。

### （二）对大学生人文教育需求的调查研究

本书通过对综合性大学专科生的抽样调查，从大学生需求的角度探索加强大学人文教育的改革对策。以温州高校的在校专科生为调查对象，选取 25 个专业的 900 名学生，采用问卷调查法和访谈法进行抽样研究，旨在了解大学生对人文教育的不同需求，并描述这一群体需求的主要特征，进而针对其需求与受教育现状之间的矛盾，对大学人文教育提出建设性的建议和对策。

### （三）对人文类课程的需求

1. 政治类公共必修课程

多数学生认为该类必修课知识体系较完善，能够发挥人文教育主渠道的作用，但课堂教学质量有待提高，课程体系结构有待进一步完善。被调查的学生普遍对艺术、文学、历史学类的课程颇感兴趣，认为有必要增设"大学语文"公共必修课。

2. 人文类选修课

多数学生认为现有人文类选修课在教学质量、课程种类等方面不能较好地满足他们的需求，希望能够增加文史哲类的选修课程，其中女生对艺术类课程的兴趣高于男生，对理工类课程的兴趣要低于男生。

### （四）对教师的人文关怀及知识传授的需求

对教师人文素质状况的调查表明，大多数学生对于教师的人文素质持积极肯定的态度，认为政治类公共课老师和专业课老师都具有一定的人文素养，多数学生希望专业课老师能在课程上讲授社会热点话题、交往艺术、文化历史、哲学思辨方面的信息。

### （五）对校园文化环境建设的需求

调查结果显示，图书馆能满足各年级、各专业学生的基本需求。对于高质量人文讲座的需求较突出，其中人文社科类学生的需求更加显著；对于校园文化活动，多数学生认为大部分活动都流于形式，缺少文化内涵；对于社会实践类活动，多数学生表示很感兴趣，但是缺乏参与渠道，其中女生认为很感兴趣但缺乏实践渠道的比例要高于男生，男生对于此类活动持消极态度的比例要高于女生，人文社科类学生的实践行为及态度要好于自然科学类学生。

## 三、加强大学生人文教育的建议及对策

通过对大学生人文教育现状及需求调查研究，笔者认为加强当代大学生的人文教育应该从以下几方面着手。

### （一）健全高校人文教育课程体系

在大学教育中，人文教育与人文课程密不可分，人文教育的价值属性需要依赖课程来实现。人文教育的关键在于它能够提供多少可以深入为学生心灵的东西。在大学教育中，课程比专业更基本、更关键、更重要，课程是体现大学教育质量和特色的基石，人文课程的设立和完善对加强大学生人文教育尤为重要。

笔者认为，人文课程的设置应具有根基性、导向性、统领性、互补性、和谐性、民族性和本土性等特征，人文课程不仅要传授知识，更需要为受教

育者提供一种生活的职业训练。做好高校人文教育课程体系的设置与完善，应该做到以下三个方面。

1. 构建科学的人文教育课程体系

首先，要给人文类课程以足够的重视和充足的学时。大学本科生的课程主要由公共必修课、专业基础课、专业必修课、专业选修课和公共选修课几个模块组成。笔者认为包括政治思想教育类、历史类、体育、外语、计算机类课程在内的公共必修课，以及不同学科相互交叉指定或任选的文学艺术与科学教育等课程，总计学时不应少于大学三年总学时的28%。

其次，在设计具体课程时，既要体现综合大学文理科之间的差异，又要考虑到不同类别课程的交叉对大学生人文知识的构建和科学精神培养的潜在影响，还要综合考虑各学科的学生所具有的不同的知识基础。

2. 强化通识教育意识，促进专业课程教学中人文教育的渗透

在高校课程设置过程中，人们往往把人文教育与科学教育完全隔离，阻断了人文教育在科学教育专业课程中的有效实现。随着人文教育研究的广度和深度不断提高，越来越多的人意识到人文教育的实现需要加强与科学教育的有效结合，实现人文知识在专业课程中的渗透，需要不断加强通识教育意识。在这方面，而我国大学教育仍有很大的不足，不能真正满足人文素质教育发展的要求，因此，只有加强通识教育，使人文教育进入大学教育主渠道，在专业教育中融入人文教育，才能让学生在潜移默化的过程中提高人文素质。

3. 推进人文教育课程教学内容与方法改革

大多数学生希望教师能避免"一言堂"模式的教学，希望教师能以有趣的活动吸引学生参与到课程的学习，对此，笔者认为非常有必要推动人文教育课程教学内容和方法的改革。

首先，在人文课程教学内容的选取上要注重人文方法的传授。人文方法是指人文思想中所蕴含的认识方法和实践方法。人文方法表明了人文思想是如何产生和形成的。学会用人文的方法思考和解决问题，是人文素质的一个重要方面。科学方法强调精确性和普遍适用性，而人文方法强调明确属性，强调体验，与特定的文化相连。

其次，在教学方法改革上，要加强课堂教学方式改革以及课外文化素质教育实践基地建设。教师在组织课堂教学过程中必须带有亲和力，不能"独断专行"，要让学生有一定的自由度，充分调动学生的兴趣，让他们参与到课堂中来。同时，要整合各方面的因素，对练习和延伸拓展进行优化设计，这样的课堂才有活力、有智慧和情趣，才能让学生真正成为学习的主人。在课外实践环节上，积极建立大学生文化素质教育基地，依托学校所处地域的文化条件和资源优势，充分利用当地丰富的历史文化资源，组织学生开展历史文化考察和民间文学采风等实践活动，鼓励学生申报与地方历史文化相关的研究性课题，让学生在教师的指导下，形成研究成果，从而促使学生在丰富多彩的地方文化实践活动中感悟中华文化的人文精神，让学生受益终生。

### （二）加强教师人文素养的提升

转变教育观念是加强人文教育的基础，改革、完善教学体系是加强人文教育的手段，而提高教师的人文素质是加强人文教育的首要前提。

教师的人文素养就是教师所具有的人文精神及教师在日常活动中体现出来的思想、道德、情感、心理、性格和思维模式等方面的气质和修养。教师人文素养的提升要求教师自身要不断地加强人文知识的学习，同时，具备在实践活动中应用人文知识的能力。

由问卷调查可以知道，学生普遍希望老师在传授专业课知识的同时渗透一些社会热点话题（70.4%的学生认同），还有相当一部分学生希望老师传授一些人际交往、公关礼仪等方面的知识。据此笔者认为，全面提高师资队伍的人文素养，从以下几方面着手更为有效。

1. 要加强学科间的交流，改善和优化教师的人文知识结构

由于我国高校长期实行重"专业"轻"基础"的人才培养模式，教师只重视本专业的知识要求，而忽视了对其他专业知识的掌握和了解，因此出现了大学理工类教师的人文素质相对较弱，文科教师的科学素养相对较低的现象。教师文理不能兼通的局限，使得学生既不能在科学教育中充分感受到人文的熏陶，也无法在人文教育中体会到科学的力量。为此，要加强学科间的相互交叉，促进不同专业教师间的相互交流。

2. 教师要广泛阅读，开阔自己的视野

从调查分析可知，多数学生希望在课堂学习中学到更多的课外知识。所以，作为教师，既要关注社会热点现象，也要注重学习优秀的传统文化。教师应努力完善自己的知识结构，因为只有"完整"的教师才能培养出"完整"的学生。

3. 强化教师的责任意识

人文教育的目的在于引导学生懂得人类社会的价值，包括生存的价值、社会的价值、美学的价值等等，通过这些价值导向作用，使学生成为有个性、有思维、有境界的人。这就要求教师在教学工作中要有高度的责任感和敬业精神，能够做到身体力行，不断增加和提高自己的人文知识和业务水平。

## （三）加强校园文化建设

校园文化是学校本身形成和发展的物质文化和精神文化的总和。由于学校是教育人、培养人的地方，因而校园文化一般取其精神文化之含义，即学校共同成员在学校发展过程中，逐步形成的包括学校最高目标、价值观、校风、传统习惯、行为规范和规章制度在内的精神文化，以及校园建筑、校园景观、绿化美化等物质文化，其中以精神文化为第一要义。因此，校园文化是师生精神风貌、思维方式、价值取向和行为规范的综合体现，它在一定程度上彰显了学校发展的独特理念与发展特色。可以说，改善校园文化环境是加强人文教育的重要途径。

1. 丰富图书馆人文类书籍，开展"名著阅读"活动

调查中显示，78.5%的同学认为图书馆的人文类书籍能较好地满足他们的需求，但是仍需丰富。高校图书馆应该在丰富人文社科类书籍的同时，通过开展"名著阅读"等活动，提高学生阅读人文经典著作的兴趣。

2. 提高校园文化活动质量

我们调查到有88.4%的同学认为学校比较缺乏人文类讲座，尤其是自然科学专业的学生对于此类讲座的需求更加强烈。对于校园活动，66.3%的同学认为目前大部分活动流于形式，并无文化内涵。对于社会实践活动，人文类的学生表现出极大的积极性，但是学校提供的平台较少。针对此类现象，学校方面应加强校园文化建设，一是增加高质量人文类讲座，同时做好宣传工作，让学生有更多的机会与大师、名家接触，体悟人文精神之美。二是开展健康向上、格调优雅、内涵丰富的学生文化活动，对学生会、社团等组织的活动严格把关，防止活动过滥、过杂，坚决杜绝"形式主义"。而对于社会实践活动，除每年暑期各学院、社团组织的实践活动外，建议各学院增强实践基地的建设，让学生能够在暑期获得更多实践学习的机会。

3. 提升校园"软""硬"件水平

作为育人场所的学校，在校园建设中要充分体现人文关怀，着力营造书卷气息和儒雅氛围，为人文教育提供良好的外部环境。为此，应当做到这三点：一是要精心设计，构建绿化、美化、知识化的校园环境。二是要与时俱进，倡导开拓、进取、创新的人文环境。三是要以人为本，优化可发展学生个性、培养学生特长的活动环境。

## 四、提升大学生人文素养的途径

（1）确立合理课程比例，适当增加人文学科学时。应由教育主管部门提出要求，采取强制性和自我激励的双重措施提高学校和学生对人文学科的重视程度。选好、选准突破口，确定人文教育内容。人文教育的范畴和内容应当涵盖社会科学的大部分，如文学、艺术、历史、政治、法律、音乐、美术等，具体教学内容在与时俱进的同时，也应该具有相对稳定的经典部分。

（2）建设校园，塑造良好人文环境。必修课程的设置目的是奠定良好的人文气氛和环境氛围。校园的文化建设、人文文化沃土的培养、人文精神的内化、人文素质的提升都需要高校持续开展系列活动来实现。

（3）引导学生价值取向，达成人文素质教育的共识。人文教育不仅关系到个人的价值观、人生观和独立精神的培养与发展，而且也事关全社会的价值取向和发展。

大学生人文教育的开展、大学生人文素质的养成及大学生人文精神的培育，这些工作只有引起社会全方位的重视，并积极行动起来，形成合力才能完成这一社会性的系统工程。

# 第二节　现代人文主义技术哲学

反思现代人文主义技术哲学，其主观意图是深入挖掘包含在人文主义技术哲学中的理论意蕴。我们的目的不是排斥那种具有悲观性人文主义者的技术哲学，我们需要以正确的态度和方式来面对技术，构建一个合乎我们时代的技术观，处理好自然与人、与社会之间的关系，从而避免因技术问题而引发的社会危机。

当代技术发展日新月异，技术对社会、自然的变革作用也越来越明显。技术高速发展，随之而来的负面影响也日益突出。面对技术引发的危机，人们开始慢慢研究技术并且反思技术，反思它们所导致的一些消极的影响。此种反思包含两个路径：工程技术哲学和人文技术哲学。后者是人文学者创立的人文主义技术观，此种技术观关注技术意义的研究与阐发，反思技术发展给人类社会带来的消极后果。

## 一、现代人文主义技术之思

由社会、自然、人组成的技术系统是复杂的系统，包含软技术和硬技术。所谓软技术，即创造的技巧，涉及如何设计、控制程序，涉及劳动工具的物质手段，即所谓的硬技术。现代人文主义的技术哲学批判了工具论的技术观和工程的技术观，认为无论是工具论的技术观还是工程的技术观都没有揭示技术的本质，并且对技术自身所引发的危机毫无裨益，只会带来新的危机而不会解决实质性的问题。当代美国技术哲学家约瑟夫·皮特认为，不应该将技术作为一种自主性的力量。"人是操作技术的主体，决定了技术的形式以及技术以怎样的方式作用于人，所以技术对人并不构成恐惧威胁，人比技术更为恐怖。在任何的技术改造或者利用中，人扮演着重要的角色，他可以使技术服务于人类，也可以使技术危害人类的生存，关键在于人如何利用技术。"① 由此可见，皮特批判人文主义技术哲学的主要方面在于对技术自主性的理解，也批判了那些将技术本质实体化了的做法。

苏联费恩伯格说到人文主义的技术哲学时，认为马尔库塞、海德格尔等人的技术哲学有技术实体主义的倾向。他认为，所谓技术实体主义，即认为技术的本质是异于我们自身的，不受我们自身力量的支配，认为海德格尔的技术观隐性地表达了一种宿命论，而费恩伯格却一直主张在日益技术化的世界中看护意义而不使其意义流失，表征出人文气息的实体性质。海德格尔批判技术理性，并未从真正意义上揭示技术，而是形成了技术本质中心主义的理解。

现代人文主义技术哲学认为，传统技术不同于现代机器技术，二者是非延续的，并且存在着一条不可逾越的鸿沟。现代机器技术与技术实体化的思维路向相关，涉及对象性的思维模式。而传统技术是天人合一的自然之表达，这不代表技术是外在于我们自身的，此种天人合一的技术也不会危及自然。

在现代人文主义技术哲学家的眼里，传统技术观是异于现代技术观的，技术是一个时代的标志，标志着时代的转型。传统技术观中的技术是与技艺统一的，或者可以将技术与技艺等同起来。在希腊人那里，技术涉及技巧与

---

① 约瑟夫·C·皮特：《技术思考：技术哲学的基础》，马会端，陈凡译，辽宁人民出版社2008年版。

心灵的艺术。现代技术异化了技术与人、与自然的最初形式。事实上，现代人文主义技术哲学家的理解具有片面性，我们可以采用技术史的角度去分析。18、19世纪被认为是以蒸汽机为代表的时期，各种现代机器设备应运而生，但实际上它们模仿了传统技术的原理模型，或者说是继承了传统技术的模型。我们可以举蒸汽机的例子来说明。

在18世纪到19世纪，蒸汽机在社会文明的发展中扮演了重要的角色。蒸汽机的发明作为第一次工业革命的标志，被认为是18世纪伟大的发明之一。但很少人知道在蒸汽机发明之前，人们普遍使用的是纽可门蒸汽机。蒸汽机的很多原理还是模仿了纽可门蒸汽机的原理。此外，还有机械技术及机器被认为是工业革命之后才被发明的，如带刺铁丝、电动机等都在不同形式上延续了传统技术的形式。

因此费恩伯格认为，在历史分期上，人文主义技术哲学存在着一定的问题，他认为不能完全隔离传统技术与现代技术。从表面上看，区分现代技术与传统技术是历史的需要，实质上这种观点没有辩证地看待技术的发展。

## 二、现代人文主义技术之思的特征

把这些人文主义者的技术哲学所表达的思想观点整合起来，你会发现他们的思想观点都存在一个基本假设前提，下面就让我们来仔细地研究和分析这个假设前提。

当然我们仔细研究和分析的这个假设是具有一定的代表性的，这个假设就是：历史已经发生了翻天覆地的变化，并且在本质上已经断裂。现代技术使人类从传统社会过渡转型到现代社会，人们的价值观与生活理念也发生了巨大转变，人们对现代社会所形成的问题却显得无能为力。因而必须把现代技术理性和现代性相断裂，并试图创建一种超越现代性的理论。通过研究分析与人文主义技术哲学相关的理论，我们发现主要有以下几个显著的特征。

### （一）对现实具有强烈的针对性

人文主义哲学已经从思辨性（以海德格尔为代表）转化为实践性（以芒福德为代表）。由技术所引发的诸如生态失衡、大气污染等问题，都是人文主义技术哲学所关注的，或者说要重点解决的。面对当今社会问题，他们试图走出理论的沉思，不继续在埋怨中蹉跎岁月，而是对现代性展开全面而有力的批驳，达到警醒人们的目的。尽管在一些具体思想观点上还存有一定的局限性，但我们必须承认他们对技术理性的批判是强有力的，而且他们对现代性局限的认知明显要深远得多。

### （二）建构新的理论框架

建构自然、人、社会与技术之间的关系。人文主义技术哲学关注整体的有机论，反对将它们割裂开来，同时也抵制那种认为人就是开发、利用和统治自然的观点。人文主义技术哲学强调的是自然、人、社会与技术内在的自然和谐，而不是相互冲突，强调的是一种相互交往的关系，主张在交往理性中来消除技术理性所带来的一些消极的影响。

人文技术哲学家在批判技术理性的同时也表达了自己的意见。例如，海德格尔主张用艺术来拯救科学技术，企图用艺术来弱化技术的功能，提倡"审慎之思"；马尔库塞主张历史的合理性，并试图用历史合理性的思想去补漏工具合理性的缺失等，可以看出他们对技术都充满了忧虑。在他们看来，技术不一定可以造福人类，但他们也并不是完全地否定技术，而是主张合理地利用技术，主张完全抛弃技术的人毕竟是个别的。大多数的技术哲学家在表达忧虑的同时也提出了一些改进的理论。

## （三）表达"天人合一"的理念

人文主义者对技术的思考与东方哲学有着某种契合的地方，例如，海德格尔的后期思想与中国老子的"天人合一"哲学有相类似的地方，都在表达着天、地、人要相互和谐，整体合一。这种整体合一的思想试图克服二元论思维模式。在过去，西方的思想都带有主体性的影子，在主体性影响下的人与自然的关系中，人占据主导性的位置，进而控制和利用自然。这种主体性的原则对自然带来了负面影响，西方人文主义者由此也开始认识到人与自然和谐相处的重要性。虽然很多人文主义者所表达的技术思想是不同的，但他们在强调人与自然和谐相处这一点上是一致的，主张一种新的自然观和技术观，这种新的自然观、技术观也预示着一种新的生态文明理念。这种理念主张人与自然相处有道，和谐而不相互冲突。由此，我们不难得出这样的结论：现代人文主义的技术哲学有其合理的地方，也有缺陷。

## 三、探寻发展现代技术的人文途径

由技术自身引发的一系列的人文问题还得由"技术"（新的科技技术力量形式）来解决。因此，要解决问题，必须发展新的科学技术，壮大新的科技力量，这是走出危机和困境的重要途径。在发展新的技术力量的同时，也要注意到如何处理技术与人d关系的问题，不能一味地只是发展高科技，而忽略人文环境，人文状况的好坏在一定程度上直接影响着科技的发展。很多时候，我们只把注意力放在科技发展上面，对人文方面的关注很少，在这样的思想意识下，我们很难发展好技术，也很难解决好技术所引发的一系列的人文问题。显然，技术决定论——技术实体主义与人文精神之间存在着相互抵触的地方。技术"实体化"认为技术是一种外在于我们自身的独立自主的力量，技术自身的发展并不受外部因素的影响，相反，技术作为自变量对社会有一种单向度的作用，我们只是注意到技术对社会的作用，而很少考虑到社会对技术也有一定的反作用。而且技术实体主义者把技术当作不依赖人的一个独立自主的东西，这样势必弱化了人的主观能动性，弱化了人自主塑造的功能意识，由此，人变得消极被动而成为技术的接受体，这样不利于通过人与技术相互作用而促进技术的发展。

技术是人文的技术，技术的设置与创制离不开人主观自为的目的，受制于人自身的目的，有什么样的主观目的就有什么样的技术模式诞生。各个国家所制造的产品都有其自身文化的印记，都被打上自己国家文化的烙印。以日本为例，构成日本技术之基础的不是别的而是日本本土的文化，其本土文化在无形中影响着本土所制造的产品。换句话说，其自身文化有什么样的特色或特征都会反映在所制造的产品中，你可以从产品中来发掘产品自身所包含的文化因子。日本文化是学习型文化，由此日本所生产的技术产品形成了所谓"生产现场主义"。再拿中国的文化作为例子，中国的人文特点也对其自身的技术发展有着极大的影响，中国人讲究的是含蓄、慎独，重视自身价值的实现，其产品也多带有含蓄、精雕细琢的风格，特别是杭州的刺绣，充分彰显了其文化的独特性。

要拥有更好的人文效益，需要有良好的人文环境与现代技术。良好的人文环境与理想的现代技术环境直接促进了现代技术人文效益的发展。我们反对那种只知道发展高科技而忽略人文环境的发展的做法。我们应该在发展高科技之余，优化人文环境，抵制那种用技术决定论的思维来发展我们现代技术的思想言论。

## 四、问题与弊病：现代人文教育片面追求精准的深思

应该说任何事物都有一体两面性，现代人文教育对精准科学的追求也同样遵循此规律。随着现代科学技术的发展，一方面推动了社会的巨大进步，另一方面也忽视、压抑了人的天性和情感。崇尚科学作为一种思潮，使人们习惯于用精确的方法进行思考和推理，极力追求精确的、明晰的方法，以获得事物科学的逻辑美。尽管这些精确化的科学手段解决了一些传统教学中的难题，但由此带来的诸多弊端也日益凸显。

## （一）精准教学导致学生养成线性思维

精准教学一般都依赖现代教学设备与仪器，围绕既定的教学模式与过程展开，具有严密的逻辑性。在该模式的运行过程中，教学内容的指向和思维方式都是既定的，同时，对教授信息的分析与综合只是形式上的演绎。此种教学方式容易导致学生的思维定式，极大地限制了学生的思维空间，影响了学生非逻辑性思维的发展，而对人文社会科学的学习而言，直觉、灵感以及发散思维等非线性思维对于感受和理解教学内容却是至关重要的。

## （二）精准教学导致教学评估标准的僵滞

运用现代数学统计方法对教学信息和效率进行量化评估，以科学的数据分析为起点，对于整体改进教学方式与方法而言，具有数理上的基础意义，而对于人文社会科学教学而言，则需要辩证地看待其科学性。原因在于人文社会科学是一个极其复杂的系统，它不仅包罗万象，而且还是人类对所生存的自然环境与社会环境的综合认识过程，它的信息载体更多地来自人的内心世界，具有相当强的主观性，它甚至有时与理智和逻辑是道途殊异的。所以，理解与评估人文社会科学的教学，不是几条僵死的标准和几步抽象的推理能完成的。

## （三）精准教学导致教学目标的单维

应该说每门课程的教学都有明确的教学任务目标，这是考核教学效果的主要指标。为了更好地实现这样的目标，教师习惯于采用精准的"一站式"

的演绎，让学生围绕老师的思维，在一种平静的、稳定的、封闭的环境中被动地接受知识，使学生长期处于这样的精准环境中，可能对知识教学目标的接受确实更加容易一些，但却忽略了学生主动学习的重要作用。其实，掌握书本知识只是教育的一个目标而已，除此之外，还有大量的其他教学目标需要完成。对于学生而言，信息接受是从已知信息的无序到有序、不确定到确定、不平衡到平衡的归纳整理过程，而精准教学的单维目标则遗弃了这个过程。

## 五、历史与传承：模糊性思维的哲学溯源

中华五千年的悠久历史孕育了灿烂的中华文化，其中，关于"模糊性"的思考在中国传统哲学思想中早有雏形，表现最有代表性的便是老子的"有无相生"的哲学命题。在中国古代美学中，往往把直感体验浓缩为理性的结晶，并升华为玄之又玄的道。道分有无，归于玄妙，"玄之又玄，众妙之门"，这种有与无的合分、分合的变动不居，生生不息、周而复始的循环过程，即是有无相生。换言之，从无到有，从有到无，有无结合，相互转化，周行不止，无始无终，这便是道的运动过程，也是老子哲学思想的核心，是老子美学思想的哲学基础。由此观之，老子哲学思想带有"模糊性"的特点，横向上：你中有我，我中有你，亦此亦彼，相互渗透；纵向上：无中生有，有中生无，它表述了有无之间变动不安的不确定性。这也是老子对于道的最高理论概括，蕴含了朴素的"模糊性"。

由老子哲学思想及美学理论生发出：思与境偕、神与物游、质文代变、叁伍因革、阴阳惨舒、刚柔相济、虚实相生、情景交融、形神兼备、曲直互补、

疏密相间、巧拙有素等等。这些对举的概念，都在研究对立事物（甲乙双方）之间相互过渡的模糊现象。当这些对象之间的中介环节，在一起一落的变动中，相互撞击，发生震荡，也就是耗散结构论中所说的不平衡、不稳定、非线性状态。在碰撞过程中，某些旧的环节消失了，某些新的环节出现了，某些环节变脆了，某些环节增强了。这些中介环节，显示出重新组合，相互渗透、左右摇摆、上下浮动的不确定状态，从而出现模糊。

早在札德之前，国外就有很多关于"模糊性"的论述，恩格斯在《自然辩证法》中说："一切差异都在中间阶段融合，一切对立都经过中间环节而互相过渡，对自然观的这种发展阶段来说，旧的形而上学的思维方法就不再够用了。辩证法不知道什么绝对分明和固定不变的界限，不知道什么无条件的、普遍有效的'非此即彼'，它使固定的、形而上学的差异互相过渡，除了'非此即彼'，又在适当的地方承认'亦此亦彼'，并且使中介连接对立。"[①] 这就是说，客观世界没有清晰精确的、固定不变的东西，至少同时是庞大的模糊域，"亦此亦彼"揭示的正是事物的不清晰、模糊状态，同时告诉我们"非此即彼"是形而上的，"亦此亦彼"才是辩证法的。

黑格尔对模糊论的贡献主要表现在他的中介论哲学思想中。他说："每一方都是对方的中项（中介），每一方都通过对方作为中项的这种中介作用自己同它自己相结合、相联系；并且每一方对它自己和对它的对方都是直接地自为地存在着的东西。同时由于这种中介过程，它才这样自为地存在着。

---

① 马克思，恩格斯：《马克思恩格斯全集：第 3 卷》，人民文学出版社 1974 年版，第 533 页。

它们承认自己,因为它们彼此相互地承认它们自己。"①这里,黑格尔指出,不同的对方,通过中介而结合,你中有我,我中有你,相互联系,相互渗透,亦此亦彼;在这种结合中具有流动性、可变性,环节与环节之间相互浸润、渗透、融合。

康德从价值层面论述了"模糊":"知性在模糊不清的情况下起作用最大……模糊观念要比明晰观念更富有表现力……在模糊中能够产生知性和理性各种活动……我们并不总是能够用语言表达我们所想的东西。"②

通过以上分析,我们发现模糊与精准相对应,二者存在严密的辩证关系,即模糊性是普遍的、绝对的,精确性是相对的;模糊性寓于精确性之中,精确性是模糊性的特例和表现;模糊性与精确性是矛盾的对立与统一的双方,相互依存、相互联系,在一定条件下相互转化。

## 六、功效与能量:现代人文教育的模糊性诉求

需要指出的是,模糊教学艺术中的"模糊"不是指那种不合思维规律的悖理模糊,而是指符合思维规律的辩证模糊,它既不同于是非不分的糊涂,又不同于模棱两可的含混,也不同于故弄玄虚的神秘,更不同于老于世故的圆滑。它是原则性和灵活性的高度统一,充满着科学与艺术融合的灵气。它以正确性为前提,要求教师在潜心体味、深刻理解教学内容的前提下,在启发诱导学生上下功夫,确切地说,它是一种难度较高的教学手法。如果认为模糊教学艺术只要意会,用不着深入钻研教学内容,了解学生,不改进教法,

---

① 〔德〕黑格尔:《精神现象学:上》,商务印书馆1979年版。
② 康德:《实用人类学》,邓晓芒译,上海人民出版社2002年版。

不指导学法，马马虎虎应付，那就是对模糊教学艺术的曲解。实践证明，模糊教学在一定的教学情境和教育背景下，能达到比用清晰的表达、明确的语言、严谨的推理等科学教学手段更优化的教学效果。因此，应当重视模糊性在当前人文教育中的重要作用。

### （一）利用模糊教学发展学生的非线性思维

非线性思维具有波动性，它除了受主导思维引导外，还需要结合自身的情感、性格、兴趣、爱好、经验、想象等，共同处理新鲜事物的画像，使其形成适合于自己的立体图案。在教学过程中，它常常表现为思维过程中不确定性的"产生—消除—再产生"，表现为不确定性思维过程。而我们的模糊性教学恰好能给这些不确定性提供缓存，以便信息能被准确接收。

### （二）利用模糊教学完善教学绩效考核指标

教学绩效考核包括定性与定量两方面的内容，如果在人文教育考核中出现偏轻或偏重了精确性或模糊性的任何一面，都势必影响整体教学的效果。其实，在对整体教学进行考核时，应当遵循科学、全面的原则，综合考虑各方面内容，从整体上把握教学效果。以前，在设置教学考核指标时，可能更多的是从定量角度考虑问题的，而忽略了定性这一维度。如果由于模糊性教学指标的缺失，导致教学考核信息的不全面，必将导致教学信息量化研究所服从方法规律的错误运用，也就直接导致教学效率评价或教学信息量化研究的效度信度的降低甚至错误，使其失去评估、指导、调控的科学依据和作用。

## （三）利用模糊教学实现人文教育的多维目标

人文社会科学教学，有不少是属于感受性质的，因此语言感觉能力至关重要，如情感陶冶与审美教育，甚至对语言的理解，很大程度上都是依赖于感受的，所以，加强对学生的语言感受能力培养，也是模糊教育的一个应然目标。在现行的人文教育与考核中，已经习惯于追求"A、B、C、D"选项的标准化。"标准化"虽然需要基础知识的掌握，需要追求知识的精确性和严密性，但在很多情况下，它还需要科学、合理的审美观，而模糊性人文教育正是由于它重视直觉思维与体悟能力等形象审美能力的培养，使得学生在获得精准基础知识的同时，又得到了各种审美能力的培养。

# 第三节　道德的发展和教育

本节旨在比较孟子的道德成熟论与当代儿童心理学家劳伦斯·科尔伯格（Lawrence Kohlberg）的道德发展论之间的异同，从而探究在道德成熟论中，有哪些部分仍然与当今世界的道德教育有着密切的关联。在本节中，笔者试图站在科尔伯格的视角向孟子的道德成熟论提出挑战，并尝试着站在孟子的角度以某种创新性的解释做出合理的回应。通过这场虚构的对话笔者发现，尽管孟子和科尔伯格在理论倾向、对道德进步的界定以及在道德观上有着明显的差异，但二者之间依然能够进行富有创造性的对话，从而使我们可以汲取儒家的思想资源以重新审视当代中国以及东亚其他国家和地区的道德教育。

孟子是中国古代著名的思想家和教育学家，其有关道德成长的理论可以被概括为"道德成熟论（moral maturity）"。孟子认为，人生来便具备善的潜质，即"善端"，它们就像种子的嫩芽，需要不断培养才能成为现实的道德品质。长期以来，孟子的这一理论对于中国以及受儒家传统所影响的许多东亚国家和地区的道德文化和教育产生了持久的影响。然而，从20世纪初开始，这种理论便因其内容的理想性以及方法论的不实用性而遭到了来自各方的批判和怀疑，直到近些年，这种负面性的态度和评价趋势才有所回转。原因在于，有越来越多的人开始意识到，在当代社会，尤其是在这个物质主义和消费主义的时代，我们不仅需要重新评估孟子，而且需要重新发掘道德成熟论在现代生活中所承载的价值。

对于孟子道德论的重估可以从多条路径展开。在本节中，我们将尝试站在科尔伯格的实验心理学视角，以科尔伯格的道德发展论来透视孟子的道德观，从而对道德成熟论予以新的诠释和重估。笔者希望通过研究，能够使孟子的道德教育理论在当代获得新的发展和推进。

## 一、孟子的道德成熟论

"道德成熟论"是我们对孟子有关人的道德起源、发展以及完善等一系列道德理论的一种概括。在孟子那里，道德成熟论认为每个人生来便具备一切道德德行的始端，即"四心"，这是人之为人的本质。作为"善端"的"四心"，只有经过不断培养才会成长并实现为四种道德德行，即仁义礼智，否则人性便会落空。在此意义上，孟子认为，"人之所以异于禽兽者几希"①。虽然孟子并没有对其道德理论做出明确的界分，但通过诠释，我们可以将其道德成熟论大体分为三个层次，即自然道德、自律道德和自由道德。

道德成熟论的第一个层次是自然道德。孟子说，人生而皆备"四端"，这些天赋善良资质便是人之"才"。才者，"草木之初也"②。也就是说，"善端"如草木之初一般具有一种自然的生长力，德性的实现乃是人性的一种自然需求。自然道德在儿童身上的最初表现便是仁义等"良知""良能"："孩提之童无不知爱其亲者，及其长也，无不知敬其兄也。亲亲，仁也；敬长，义也。"③知道了仁义，自然也就懂得了什么是礼和智，因为礼乃是对于二者的调节，而智则是对于二者的坚持④，由此可见，"仁义礼智，非由外铄我也，我固有之也"⑤。为论证这一点，孟子举了"孺子将入井"的例子，"乍见孺子将入于井"之人皆有"怵惕恻隐之心"，因为是"乍见"，所以没有任何功利考量，完全是自然本然之情，这种"恻隐之心"便是"仁之端"。如果连这种恻隐之心都没有，那就是"非人"。但孟子也指出，所谓"性善"是指性"可以为善"，而非必然为善，因为人除了"四心"之外，还有耳目之官，"耳目之官不思，而弊于物，物交物，则引之而已矣。"⑥因为人有五官和七情六欲，所以常常会被外物所蒙蔽，以至于"陷溺其心"。但这不

---

① 出自《孟子》。
② 出自《说文解字》。
③ 出自《孟子》。
④ 同①。
⑤ 同①。
⑥ 同①。

是"善端"之错,"若夫为不善,非才之罪也"①。恶来源于对善的遮蔽,而非善自身的空场。对此,孟子举出了"牛山"的例子,以说明外在环境对人性的巨大影响。总之,在孟子看来,仁义礼智在最初阶段完全是自然地呈现在儿童的日常道德生活之中的,它们为道德德性的完满实现奠定了良好的开端。但是,自然道德并不是必然道德,潜能虽然渴望着实现,但不必然成为现实,因为这需要一定的条件,即人的努力。因此,自然道德还需要走向更高的层次,即自律道德。

自律道德是道德成熟论的第二个层次,即"大人"或"成人"道德。众所周知,孟子对"体"进行了小大之分,"小体"就是耳目之官,"大体"就是"心之官",即人之为人的本性。在孟子看来,"养其小者为小人,养其大者为大人"②。"养大体"就是对"四心"加以现实化、实现仁义礼智的过程。因此,所谓"大人",也即拥有四德的君子,而"大人"道德也即这四种德性的完整实现。由于无"四心"则"非人","养小体"则为"小人",因此,"四德"的实现与否直接关涉到能否"成人"的重大问题。在此意义上,"大人"道德也即"成人"道德。与自然道德不同,"大人"道德是一种自律的道德:"人皆有所不忍,达之于其所忍,仁也;人皆有所不为,达之于其所为,义也"③。从"仁之端"到"仁",道德自律起到了关键性作用。没有道德自律,"达"的功夫便无从展开;只有通过道德自律,人们

---

① 同①。
② 出自《孟子》。
③ 同①。

才会主动从事"老吾老,以及人之老;幼吾幼,以及人之幼"①的道德实践,从而实现道德成熟。也就是说,"四端"虽我本有,但要想真正实现这些道德并终身行之,单靠自然直觉是不够的,它还需要后天的努力,也即"扩而充之"的功夫:"凡有四端于我者,知皆扩而充之矣,若火之始然,泉之始达"②。由于受感官欲望的影响,人们在道德实践中还会经常遇到"放失其心"的情况,如此,人们就需要不断同外界的诱惑作斗争,以恢复人的本心。因此,"学问之道无他,求其放心而已矣"③。总之,道德的实现并非朝夕之功,而是个体长期扩充其善心的结果。由于这一过程离不开个体意志的自律,因此,这一层次的道德也就被称为自律道德。

道德成熟论的最高层次是自由道德或天人道德,它是对于自律道德的进一步升华。我们说,孟子的道德理论实际上就是对于"心"的不断培养和扩充,而一旦将这种扩充发挥到极致("尽"),我们就会发现,我们又回到了孟子道德论的原点,即人性善。在孟子看来,因为人有"四心",所以人性是善的,而要想认识到这一点,人们就必须尽力发挥和实现这"四心"。"尽其心者,知其性也,知其性,则知天矣。"④这里,我们与其将孟子的论证方式视为逻辑混乱,不如将其理解为一种实践智慧。因为,在孟子看来,人和动物的差别"几希",如果不尽力将其实现出来,那么人就不会明白人之为人的高贵性。只有尽力实现人的"善端",人才能更深刻地明白"上天"

---

① 同①。
② 同①。
③ 同①。
④ 出自《孟子》。

为何要将人安置于这天地之间,与天地并立而生。通过"尽心",人不仅认识到人性本善,而且认识到了这种人性的形上之源——天。既然人性之善是天意使然,我们就更应该尽力将其实现出来。"存其心,养其性,所以事天也。"[①] 正是在这种意义上,天道与人道相合而一,人性完美地展现了其原初之所是,天道也充分体现在了人的伦常之中,人的道德也由此进阶到了天人合一的境界。这种天人道德,正是孔子所说的那种"从心所欲不逾矩"[②]的自由道德。

总之,从自然道德到自律道德再到自由道德,孟子的道德成熟论完成了对于自身的诠释和建构。道德上的成熟不仅成为人类自我实现、自我证成的唯一康庄大道,而且为人类踏上"天人合一"的"内向超越"之路指明了前进的方向。

## 二、科尔伯格的道德发展论

与孟子不同,科尔伯格从未假定儿童有任何天赋善心。作为心理学家,科尔伯格通过实验发现,人天生就是以自我为中心的存在,并且会努力寻求对于自身需要的满足,但是,在有关儿童的道德发展方面,科尔伯格并不是一个纯粹的、冷冰冰的心理学家。在他看来,儿童天生便拥有一种与心智(mind)相关的学习能力,这种心智会通过经验而变得成熟。科尔伯格曾明确指出,"我的道德研究是从皮亚杰(Piaget)的阶段概念以及他认为儿童

---

① 同①。
② 出自《论语》。

是一个哲学家的观点出发的"①。换句话说，他的研究是建立在实验科学和哲学假设的双重基础之上的。科尔伯格把儿童的道德发展视为儿童整个认知发展过程的一部分，儿童的道德成熟实际上就是其道德认知不断向更高阶段发展的过程。在科尔伯格看来，"道德认知是对是非、善恶行为准则及其执行意义的认识，并集中表现在道德判断上"②。因此，道德认知的发展主要就是道德判断的发展。

以公正原则为核心结构的道德判断实际上就是对是非、善恶等问题的判断。在科尔伯格看来，一个人的道德水平越高，就越能更好地解决道德认知冲突，即更好地解决是非、善恶等方面的认知困境。在此意义上我们可以说，道德的发展始于个体自我的道德判断与他人的道德判断之间出现的道德认知冲突，而对于这种冲突的解决，又推动着个体道德思维的重组，从而促使个体形成新的道德认知结构，即道德发展的更高阶段。因此，科尔伯格认为，儿童道德发展的不同水平和阶段主要取决于道德判断的结构，即儿童以何种公正原则来思考和解决道德问题。在此基础上，通过大量实证研究，科尔伯格把个体的道德发展经历分为三个水平，每个水平又包括两个阶段。这就是著名的"三水平六阶段"模型。

所谓"三水平"是指"前因循水平""因循水平"和"后因循与原则水平"，"六阶段"分别是：（1）惩罚与服从阶段。（2）个体的工具性目的和交换阶段。（3）相互性的人际期望、人际关系和人际协调阶段。（4）社会制度

---

① L.科尔伯格：《道德发展心理学：道德阶段的本质与确证》，郭本禹译，华东师范大学出版社2004年版。

② 同①。

和良心维持阶段。（5）权利优先以及社会契约或功利阶段。（6）普遍伦理原则阶段。在前因循水平，个体是从其自身的现实利益出发来处理道德问题的，处在此水平上的儿童所关心的并不是社会规定为正确的行为，而是能够带来实际后果的行为（趋利避害），包括（1）（2）两个阶段。在因循水平，个体学会从社会成员的视角来处理道德问题，他会考虑社会群体的期望以及社会道德规范对其自身行动的要求，从而努力扮演好自己的道德角色，这一水平包括（3）（4）两个阶段。到了后因循与原则水平，个体开始超出其所处的特定社会的观点来处理道德问题，个体的道德判断也上升至普遍公正原则的层次，（5）（6）两个阶段属于这一水平。

道德发展的阶段有四个基本特征。一是结构的差异性（a difference in structures）。这是说，不同的道德发展阶段具有不同的道德判断结构，不同结构之间的差异并非量的不同，而是质的区别。二是不变的顺序性（an invariant order or sequence）。儿童的道德发展遵循从低级到高级这一不变的、普遍的阶段顺序，文化或者教育能够加速或延缓个体的道德发展，但无法改变这一顺序。三是结构的整体性（a structured whole）。每个道德发展阶段在结构上都是一个统一的整体，而非一些零碎的道德观念的总和。四是层级的整合性（hierarchical integration）。所谓层级的整合是指"较高阶段把较低阶段作为组成成分包含进来，并在较高水平上加以重新整合"。"在每个阶段，都是对同样的基本道德概念或方面的界定，但在每个更高阶段，这种界定都变得更为分化、更加整合、更加一般或普遍了。"

总之，在科尔伯格看来，儿童的道德发展是一个按阶段逐步建构的过程。个体的道德认知发展以个体的智力水平和社会认知水平为前提，并构成整个认知体系的重要组成部分。智力水平通常指个体的逻辑思维水平，而社会认知水平通常表现为个体的"角色承担"（role-taking）能力，也即个体在他们的社会交往过程中"想到他人的态度，意识到他人的思想和情感，设身处地从他人的角度看问题"[①]的能力。"道德阶段并不是儿童对于文化和外部世界的直接反映，尽管阶段的形成依赖于经验，阶段是儿童和世界之间相互作用的经验产物，是这种经验导致儿童自身组织的重组（restructuring），而不是将文化模式直接强加于儿童"[②]。个体道德发展的动力既不是个体心智的先天成熟，也非外部世界的直接反映，而是个体与其所处的生活环境相互作用的结果。在这种相互作用的过程中，"个体的道德经验不断结构化，不断同化吸收和调整平衡新的道德经验，从而使个体的道德结构产生新的质变，飞跃到新的发展水平"[③]。个体的道德认知水平就是在这种不断的调整、平衡与飞跃中得到提升的。

## 三、质疑与辩护

孟子和科尔伯格之间在理论上确实存在着很大的差别，但这并不意味着二者之间无法展开有效的对话，尤其是当我们站在现代实验心理学视角向道

---

[①] L.科尔伯格：《道德发展心理学：道德阶段的本质与确证》，郭本禹译，华东师范大学出版社2004年版。

[②] 同上。

[③] L.科尔伯格：《道德发展心理学：道德阶段的本质与确证》，郭本禹译，华东师范大学出版社2004年版。

德成熟论提出疑问时,孟子的回应与辩护便成为我们重新审视道德成熟论的一个重要途径,就本文主题而言,这种质疑可以通过三个基本问题而展开。

第一,人性是善的吗?就这一问题来说,孟子的回答是肯定的;但作为实验心理学家,科尔伯格并不相信这一点,相反,处在第一阶段的儿童往往会采取"一种以自我为中心的视角",他们只有通过生活经验才能逐步建立起关于是非善恶的认知和判断。面对这种质疑,本文认为,孟子或许会放弃其对于"性善论"的建构性论证而改为一种范导性辩护。"建构"和"范导"本是康德批判哲学中的术语,前者是知性的方法,用以对经验对象加以规定;后者是理性的方法,用来引导知性向着更高目标前进。在这里借用这两个概念是为了说明,孟子所采用的那种对人性直接予以"善"的规定的建构方法在实验心理学中是无法证实的。因此,在现代哲学的语境下,对人性善的辩护只能是范导性的。也就是说,"人性善"并不是知性的对象,而是反思的对象,"是对人类存在的形上设定",是为了人类的道德进步而设定的一种伦理目标。我们说,在孟子那里,人和动物的差别微乎其微,因此,所谓人性并不是指人的动物性,而是使得人(类)区别于动物、使得人之为人的本性,而这正是人的道德性。道德是人类所特有的一种文化现象,是人类社会在漫长的历史发展过程中积淀而成的一种心理结构。道德并不是一个可以直接感知的"实存",它不是知性的认识对象,而是实践理性的产物,是人类特有的文化标记,也正是在此意义上,康德才宣称人是道德的存在,是自然的最后目的。总之,"性善论"作为一种先验理想已经无法在现代道德哲学中作为建构原则而被证，但却可以作为范导原则、作为推动人类道德进步的伦理理念而在当下社会中发挥重要作用。

第二，在道德发展论的视角下，道德成熟论的三个道德层次如何成立？我们说，在没有实验心理学的时代，孟子的道德论多半是基于经验观察，但这并不意味着这种理论毫无意义。当代著名政治哲学家罗尔斯（John Rawls）根据皮亚杰、科尔伯格等许多当代心理学家的研究成果也提出了道德成长的三个阶段，在此，我们可以参照罗尔斯的道德阶段论来帮助孟子"回应"科尔伯格的"挑战"。我们说，自然道德阶段的儿童会对父母展现出一种本能的爱，在孟子看来，这是仁义的自然呈现，是良知良能；在罗尔斯那里，儿童道德发展的第一个阶段是"权威的道德"，在这一阶段，儿童会倾向于爱他们的父母并听从他们的命令，但这并不是道德本能，而是因为父母首先"表示出了对他的爱"。"如果他爱并信任他的父母，他就倾向于接受他们的命令。"[①]据此我们有理由认为，孟子笔下的儿童之所以知孝悌仁义并不是因为"良知""良能"，而是因为父母先在的爱，这种爱"意味着不仅要关心他的要求和需要，而且要肯定他自己的人格价值感"。同样，在"前因循水平"，儿童"对文化的规则和标记中的善恶是非观念十分敏感，但却是根据行为的实际后果或权利来解释标记的"。对他们而言，所谓对的就是"服从规则和权威"（第一阶段），并"根据具体的交换原则进行公平交易"，以满足各自的需要（第二阶段）。通过罗尔斯的解释和补充我们发现，自然

---

[①] L.科尔伯格：《道德发展心理学：道德阶段的本质与确证》，郭本禹译，华东师范大学出版社2004年版。

道德与"前因循水平"之间有着诸多的相似性，它们都属于权威的道德，并且都是建立在对个体基本利益和独立价值表示尊重的基础之上的。

道德成熟论的第二个层次是自律道德。所谓自律道德实际上也就是个体在自觉接受社会化之后所达到的道德水平，也即罗尔斯所说的"社团的道德"。处于这一阶段的个体已经拥有了"成人"道德，他能够承认并自觉遵守社会所普遍要求的道德规范（仁义礼智），同样，在道德发展论中，处于"因循水平"中的个体的社会化程度会变得更高，他们能够遵从群体的期望、认可社会的制度和规范，并以此来衡量行动的价值。就此而言，一个道德上自律的人与一个处于"因循水平"的人之间并没有实质性的差异，孟子和科尔伯格只不过用了属于各自文化和时代的特殊语言表达了相似的内容。

到了自由道德阶段，我们既认识到了人性本善，也认识到了人性的形而上学之源——天，而一旦明白了这一点，也就肩负着将这种人性实现出来的形而上学使命。由此，天道与人道便合而为一了。在此意义上，自由道德乃是一种天人合一的道德。这种道德虽然在理论上是面向所有人开放的（"人皆可以为尧舜"），但真正能达到这种境界的人少之又少。与此相应，科尔伯格的道德发展模型也只能证实到第5阶段，没有人能够达到第6阶段。正如科尔伯格自己所言："我对于最高阶段，也即阶段6的适切性要求（the claims to adequacy）的讨论，是哲学上的，也是理论性的。"[1] 在他看来，"也许阶段6所具有的心理学实证意味较小，它更多的是为道德发展的方向作具

---

[1] L.科尔伯格：《道德发展心理学：道德阶段的本质与确证》，郭本禹译，华东师范大学出版社2004年版。

体说明，其中，我们的理论声称，伦理道德的发展是不断前进的。"①由此我们认为，无论是对于孟子还是科尔伯格，道德的最高阶段都只是一种理想，是对于人类道德发展的一种期望和引导，就此而言，道德成熟论的三个层次是能够成立的。

　　第三，道德成熟论的三个层次之间有着怎样的内在关联？我们说，相比于道德发展论的四个基本特征而言，孟子并没有对道德成熟的各个层次加以明确规定，无论处于何种阶段，人们似乎都只有一个共同任务，即培养德性或者为德性的实现提供支撑。因此，通常所认为的不同阶段实际上更像是同一过程的不同维度，而且，这种结构在理论上并不具有不可逆性，人既可以从"禽兽"上升为君子，也可能从君子堕落为"禽兽"，上升的路和下降的路乃是同一条路。但从另一个角度我们也可以说，道德成熟论的意旨或许并不是对道德认知进行阶段划分，而是对道德境界进行高下分判，因为对孟子而言，道德成熟的关键不在于"知"，而在于"行"。孟子力倡"去利怀义""舍生取义"的原因不在于前者不重要，而是为了表明，正是在这种极端的道德困境中，选择才彰显出境界，人禽方由此而判分，故不得不慎重。同样，在知行关系的问题上，科尔伯格通过大量实证发现，道德认知与道德实践之间常常呈现出正相关性，但二者之间并非必然一致，知善也并不必然导致行善。在知行之间，道德判断起到了关键作用。"我们认为，道德判断所提供的两种心理功能乃是道德行动的必要条件。第一种是道义决策功能，即对什么是

---

① L.科尔伯格：《道德发展心理学：道德阶段的本质与确证》，郭本禹译，华东师范大学出版社2004年版。

正当的判断；第二种是善始善终功能，即按照一个人判断为正当的来行动的责任判断。"[1] 总之，在孟子那里，道德成熟论的各个层次之间虽然可逆，但正是这种可逆性才成为评判道德境界高下的试金石。《孟子》一书之所以能对中国古代士人的高洁品行产生如此大的影响，部分原因正在于此。因此，从道德境界的意义上来说，道德成熟论仍具有层级之分，层级越高，境界就越高，道德也就越成熟。从自然道德到自律道德再到自由道德，道德境界便体现为后者对前者的整合与超越。只不过，在科尔伯格那里，道德结构的层级整合属于智性范畴，它以逻辑运算和认知推理为基础和依据；而在孟子这里，道德层级的整合属于境界范畴，它以道德德性的完善和超越为旨归。

孟子和科尔伯格之间的这场"对话"为我们重新审视儒家的道德理论提供了良好的契机。孟子的性善论虽然无法得到现代心理学的证实，但并非毫无意义。人性善的总体设定依然可以作为一种伦理理想而在人类的道德实践中发挥范导作用。道德成熟论虽然不同于道德发展论，但二者之间的对话却为我们揭示了道德成长的两个重要维度：情感和理性。在道德实践中，情感体验与理性整合之间也并非彼此排斥，而是相互交融，并实际构成道德发展的必要条件。与此同时，二者之间这种想象性对话也为我们反思当代的道德教育提供了一些重要借鉴。

首先，无论在何种社会，心智的成熟乃是个体道德进步的必要前提。自律是道德的前提，但自律不可能仅仅通过意识形态的教化便得以形成，相反，

---

[1] L.科尔伯格：《道德发展心理学：道德阶段的本质与确证》，郭本禹译，华东师范大学出版社2004年版。

它是一个积极建构的过程，涉及孟子所说的对于共同道德准则的自觉和反思，或者如科尔伯格所表明的，涉及通过学习和经验来发展一个人的道德判断和认知。其次，道德教育必须注重建构良好的集体和社会环境。由于个体的道德认同是通过与他人的相互交往而得以确立，因此，环境对于个体道德的发展具有至关重要的作用。在孟子看来，恶的产生往往与不良环境对善的遮蔽有关。科尔伯格虽然并不认为外在环境能对儿童的道德发展产生决定性的影响，但他也相信，在公正的团体生活中，一个人能够更有效地培养起言行一致、知行合一的道德品质。最后，现时代的道德创新应当以一种更为开放的心态和视野来容纳古今中外的思想资源。我们说，道德创新是一个关乎民族命运的重大课题，有着格外重要的实践意义。孟子的道德成熟论虽然构成了道德中国的历史底色，但科尔伯格的道德发展论以实验心理学为基础，又指示着道德进步的时代特征。在此背景下，如何有效地吸收和借鉴古今中外的优秀道德资源以推动中国伦理的时代创新，便成为历史赋予我们的重要使命。

"道德教育"强调教育的道德内容，"道德的教育"强调教育的道德本性，二者既有联系又有区别。在现实生活中，由于人们受到动机论和效果论道德评价模式的影响，没有把道德教育看作一个完整的过程，忽视了道德教育的手段和方式，把"道德教育"简单地等同于"道德的教育"，结果使得"道德教育"往往变成了"不道德的教育"。为了杜绝这种现象，"道德教育"必须自觉地走向"道德的教育"，克服道德教育中的不道德性。

在现代社会里，由于各种不道德现象频繁地冲击道德的底线，拷问人们的道德良知，因此人们都希望重树道德的权威，塑造道德的人格，促进社会风气的好转。正是在这种道德愿望的感召之下，道德教育越来越受重视。不过在笔者看来，当人们热衷于道德教育的时候，却没有认真地思考道德教育的道德性问题，也即"道德教育"是否就是"道德的教育"的问题，结果道德教育往往事与愿违，无法取得预期的效果。

## 四、"道德教育"与"道德的教育"的区分

在现实生活中，人们似乎很少注意"道德教育"与"道德的教育"之间的区别，也不会对二者加以严格区分，而是理所当然地认为，"道德教育"就是"道德的教育"，即使是那些专门从事道德教育的工作者和研究者也不例外。虽然从本质要求上，"道德教育"应该是"道德的教育"，但实际上，二者之间还是存在着巨大的差别，"道德教育"不等于"道德的教育"，更不必然是"道德的教育"。

道德教育具有广义和狭义之分。广义的道德教育，泛指一切能够对人们的道德观念和道德行为产生教育意义或影响的社会实践活动，像家庭、学校和社会所开展的各种道德教育活动、社会公益活动等，这些都会对人们的思想观念和行为产生道德上的影响，所以都可以被纳入道德教育的范围中来。在现实生活中，人们通常是从狭义上使用道德教育概念。道德教育通常是被看作学校所开展的，以提升学生道德水平为目标的一种系统的教育活动。这

种学校教育活动具有强烈的道德相关性，其所期待的目标、其所传授的内容都与道德直接相关。

按照学者们的解释，"道德教育是指依据一定的目的，在遵循教育规律的基础上，对人们进行的有组织有目的地施加系道德影响的道德活动"①。由此可见，"道德教育"之所以成其为"道德教育"，主要在于两个方面：第一，"依据一定的目的"。这个"目的"是一种道德的目的，它包含了培养道德人格、塑造内在道德品质、形成外在道德风尚等诸多方面，而其核心则在于道德人格的养成，所以罗国杰说："道德教育过程，应当与人们道德人格的形成和完善过程相一致。"②第二，"施加系统道德影响的道德活动"。"影响"主要包括知、情、意、行等各个方面，这些影响的产生都需要依赖于系统的教育活动。因此，学校通过课堂讲授、课外实践等各种形式的道德教育活动，对受教育者施加系统的道德影响，提高他们的道德认识，陶冶他们的道德情操，锤炼他们的道德意志，帮助他们确立道德信念，促使他们付诸道德行动，最终帮助他们养成道德习惯。从这里我们可以看出，"施加道德影响的道德活动"是服务于道德人格培养这样一个特殊的"目的"的，也就是说，前者是服务于后者的手段，前者受后者支配，而后者依赖于前者来实现。简言之，道德教育就是一种以塑造道德人格为目标、以道德作为教育内容的教育活动。文中的"道德教育"主要在狭义上使用。

"道德的教育"与"道德教育"从构词上看，就在于有无"的"字，因此，为了弄清"道德的教育"与"道德教育"的差别到底在哪里，有必要先

---

① 彼得斯：《道德发展与道德教育》，邬冬星译，浙江教育出版社2000年版。
② 罗国杰主编：《伦理学》，人民出版社1989年版。

弄清这个"的"的含义。按照《汉语大字典》的解释,"的"具有多重含义,而与这里比较接近的应该有以下两种解释:第一,"用在定语后,表示修饰关系。如:铁的纪律、新的生活"。第二,"表示领属关系。如我的母亲、无产阶级的政党"。在第一种含义中,"的"之前的字词用来形容"的"之后的字词所指代事物的属性或特点,在这个结构中,其重心在"的"之后的词上。如生活可以有不同的样式,既有新的生活,也有旧的生活;既有好的生活,也有坏的生活,但不管如何,它们都属于生活的范围,只不过它们在性质上有所差异而已。在第二种含义中,词语结构的重心在"的"之前的字词上,后者构成了前者所有关系结构中的一种关系,如我拥有各种各样的关系:爸爸、妈妈、爷爷、奶奶、外公、外婆、老师、学生等等,但这些关系都是属于"我的",都围绕我来展开。如果从领属关系的意义上来理解"道德的教育",那么与它相应的就有数学的教育、物理的教育、化学的教育等等,因此,"道德的教育"实际上就是"道德教育"。从语言简洁性的角度来看,这种用词方式就显得过于啰唆,因此,在现实生活中,人们在表示此含义的时候都会用"道德教育"而不用"道德的教育"。既然"道德的教育"中的"的"不是在第二种意义上使用的,那么它只能是在第一种意义上使用的,也就是说,在"道德的教育"一词中,"道德"是被用来修饰、形容"教育"的,"道德"表示"教育"的一种特点或属性,也就是这个"教育"是"道德的""教育",而不是"不道德的""教育",因此,与"道德的教育"相对的不再是数学的教育、物理的教育等,而是"不道德的教育"。

"道德教育"与"道德的教育"之间存在着严格的区别：前者强调的是教育的目的和内容；后者强调的是教育的特征和属性。目的、内容与特征和属性之间当然会存在着一致性，但是这种一致性是就应然性而言的，目的和内容的高尚性、道德性决定了道德教育活动本身也应该是高尚的、道德的。然而，应然性并不能简单地等同于现实性，实现从应然到现实的跨越还有一段漫长的道路要走。在行走过程中就有可能会偏离目标，从而使得特征和属性发生变化。但是在现实中，人们似乎不愿意做此分析，而是简单化地认为，道德教育就必然是道德的教育，忽视了道德教育变成不道德的教育的可能性，对于道德教育中不道德现象的发生疏于防范，从而不能有效地防止"道德教育"变成"不道德的教育"。

## 五、"道德教育"与"道德的教育"的混同

　　人们之所以把"道德教育"混同于"道德的教育"，或者说，人们之所以认为"道德教育"就必然是"道德的教育"，虽然二者之间字面上的相近性是其中的一个重要原因，但是更为重要的还是与人们心目中所崇奉的伦理道德观念有关。

　　在人类历史上，对于行为的道德评价方式主要有两种：一是动机论，认为衡量一个行为的道德性质及其价值主要依据行为的动机。二是效果论，认为应当从效果而非动机出发来衡量行为的道德价值。在马克思主义看来，动机论与效果论都只抓住了行为的某一极，因而都是片面的，为了正确地衡量一个行为的道德价值，就必须坚持动机与效果的辩证统一，"唯心论者是强

调动机否认效果的,机械唯物论是强调效果否认动机的,我们和这两者相反,我们是辩证唯物主义的动机和效果的统一论者。"[①]这里的"辩证统一"不仅是指我们既要考察行为动机,又要考察行为的实际效果,还包括我们要把行为作为一个包含动机与效果的整体,我们要从动机到效果的完整过程出发,对行为做出道德评价。虽然中国哲学比较推崇中庸,希望凡事不要走极端,能够在两个极端之间找到合适的中点,从而实现两极之间的有效融合,然而在现实中,中国人往往会偏离中庸之道,无所不用其极。譬如在中国历史上,以"四书五经"为代表的经典伦理主要是推崇动机论,而这在社会精英阶层当中被遵循;以《增广贤文》等通俗读物为代表的世俗伦理则推崇效果论,这为普通民众所广泛遵循。虽然当前中国已经实现了从传统到现代的转换,指导思想也由儒学变成了马克思主义,但是中国人的道德心理并未从深厚的历史传统中摆脱出来,中国人仍然习惯于用动机论或效果论来对行为进行道德评价。

正如前文所言,行为展开为一个完整的过程,动机与效果不过是一个完整行为过程的两个端点而已,而这两个端点之间还包含着行为的手段、行为的方式等诸多方面的内容,而正是这些内容才将动机与效果有机地结合起来,使动机不至于成为纯粹的思想观念,而是展现为现实,产生出实际的社会效果。然而我们都执着于动机论或效果论,都忽视了这样一个重要的中间环节。动机论并不讲究行为手段和行为方式,认为它们是服务于效果的,而实际效果对于动机论来说并不重要,因为坚持"只有出于责任的行为才具有道德价

---

① 毛泽东:《毛泽东选集:第3卷》,人民出版社,1991年版,第873页。

值""一个出于责任的行为,其道德价值不取决于它所要实现的意图,而取决于它所被规定的准则。从而,它不依赖于行为对象的实现"[1]。效果论则重视目的的实现,为了实现目的就会不择手段,因此只要能够实现目的,什么手段都可以使用。正是因为中国人长期游走于动机论和效果论的两极,忽视了从行为的整体出发来对行为进行道德评价,从而导致中国人对行为手段和行为方式没有给予足够的重视,有时为了实现动机和达到目的会不择手段,因为在中国人看来,行为手段和行为方式本身是中性的,不具有道德性,其道德性依赖于动机或效果。

中国人这样一种伦理道德观念,不仅体现在日常行为的道德评价上,同样也在道德教育当中得到了反映,那就是把"道德教育"直接等同于"道德的教育"。对于所有教师来说,教书育人既是一项职业,也是一项事业,因此每个人都抱着善意的目的来从事教育工作,都希望自己的学生成才成人,从动机上来说,"道德教育"就是"道德的教育"。由于成人这个目标具有模糊性,在当今中国的教育中并不为人所重视,人们更多的是把成人等同于成才,认为一个学生成才就是成人了,而成才的标志就是学好课本知识,考上理想的大学,找到理想的工作。在这样一种成才观念的指引下,教师们拼命追求成才的效果,道德教育就变成了知识教育,教师们要想方设法地去提高学生应付考试、获取高分的能力,只要学生成才了,"道德教育"自然就是"道德的教育"。实际上,在这两种道德观念指导下,道德教育实际上存在着沦为不道德教育的危险。在这两种观念指导下,教师们只关注了道德教

---

[1] 伊曼努尔·康德:《道德形而上学基础》,孙少伟译,九州出版社2007年版。

育的起点和终点，没有充分考虑教育手段和教育方式的道德性，从而在道德教育过程中，为了追求所谓的良好目的，采取了一些非道德甚至是反道德的教育手段和方式。譬如，在传统道德教育中，由于道德教育被混同于知识教育，因而教师们普遍采用的都是灌输式或独白式的道德教育方式。在传统独白式的道德教育中，教师们不仅采取了苛责、鞭打、罚站等不道德的体罚手段，而且独白式道德教育本身就是对于学生的一种压迫与奴役，是建立在师生严重不平等的基础之上的。因为在此过程中，教师与学生之间是绝对的主客体对立关系，"教师在学生面前是以必要的对立面出现的。教师认为学生的无知是绝对的。教师以此来证实自身存在的合理性。类似于黑格尔辩证法中被异化了的奴隶那样的学生，他们接受自己是无知的说法，以证明教师存在的合理性。——但与黑格尔辩证法中的那位奴隶不同，他们绝不会发现他们同时也在教育教师"[①]。为此，保罗·弗莱雷把独白式教育模式称为"压迫者教育学"，可见这种教育模式与现代社会的道德要求背道而驰。

因为道德教育工作者对于这种危险缺乏清醒的认识，所以这种危险在现实中真实地上演。在现实教学过程中，有些教师全然不顾学生和社会的实际情况，只管以纯洁高远的道德理想来教育学生，从而使道德教育沦为虚伪的说教，让学生感到道德教育与现实背道而驰，道德教育不过是睁着眼睛说瞎话；有些教师却为了所谓教育效果——高分与升学率，在教学过程中采用高压政策，甚至动用罚抄作业、罚站等变相体罚等不道德的方式和手段，逼迫学生死记硬背道德知识，学生感受不到道德教育的道德性。因而，"道德教育"

---

① 保罗·弗莱雷：《被压迫者教育学》，顾建新等译，华东师范大学出版社2001年版。

与"道德的教育"混同的结果,并不是"道德教育"变成了"道德的教育",而是"道德的教育"被"道德教育"所取代,而"道德教育"又恰恰变成了"不道德的教育"。

## 六、"道德教育"走向"道德的教育"

"道德教育"是一种教育活动,而"道德的教育"是对教育活动的定性。如果从本性上来说,所有的学校教育活动都应该具有道德的性质,而这对于道德教育尤其重要,最理想的"道德教育"就应该是一种"道德的教育","道德的教育"应该是"道德教育"的本性要求。因为道德教育不是一种知识的教育,在教育过程中,教师是以一种超然物外的姿态来讲授客观知识。也就是说,学生不会将教师所讲授的知识和教师本人联系起来,不会用教师所讲授的知识来对教师本人提出要求。因为在此过程中,教师与学生都是以理性的态度来共同面对科学上的"是"而非道德上的"应该",他们都不会对对方提出道德上的要求。道德教育与知识教育不同,道德教育不仅教会学生是什么、为什么,更要教会学生应该做什么、怎么做,因此道德教育不仅是讲理的,而且它所讲之理最终要用来指导行动,要在行动中得到落实。这也就是说,教师在对学生进行道德教育的时候,不仅要讲授客观的知识,还要以身作则,教师所传授的道德知识就是学生在现实生活中应该遵循的道德法则。

既然道德教育不仅是一种知识传授,同时也是对学生提出一种行为要求,那么教师的所作所为就必然会对学生产生至关重要的影响。如果教师仅仅对学生提出种种道德要求,而自己又在教学中公然违背这些道德要求,那么只会增强学生对于道德虚伪性的感受，认为道德是强者对于弱者的要求，而强者是不用遵守道德的，由于每个人都趋向成为强者，所以道德可以被弃之不顾。相反，如果教师在教学过程中以身作则，用自己的实际行动来践行自己所传授的道德内容，按照道德法则的要求来开展道德教育，真正把"道德教育"变成"道德的教育"，那么，这个教师就有亲和性，这个道德教育就有感召力，学生才真正会"亲其师"而"信其道"。比如孔子作为教育家，之所以追随者甚众，而且培养出了大量志行高洁之士，就是因为他在开展仁义教育过程中以身作则，严格要求自己，做到了"学而不厌，诲人不倦"，赢得了学生的尊重和爱戴，从而为学生树立了一个学习效仿的榜样。既然"道德教育"的道德性对于提升道德教育的实效性、对于把学生培养为道德之人具有高度的重要性，那么，"道德教育"就应该走向"道德的教育"。为了加速"道德教育"走向"道德的教育"，就必须对道德教育进行调整。

第一，纠正"道德教育"天然就是"道德的教育"的错误看法，主动寻找二者产生偏离的根源。"道德教育"从本性上说，确实应该是"道德的教育"，这也就是说，"道德的教育"不过是"道德教育"的应然状态，然而问题在于，应然状态是一种理想的状态，是一种追求的目标，但它并不是"道德教育"的实然状态。在现实中，"道德教育"既有合于应然要求而成为"道德的教育"的情况，但是也不排除存在"道德教育"偏离应然要求而成为"不道德的教育"的状况，像在日常道德教育过程中，就不仅大量存在教师不尊重学生的情况，就连责骂、罚站、罚抄等变相体罚学生的情况也是屡见不鲜。可见，在实然状态之中，"道德教育"与"道德的教育"还存在巨大的鸿沟，没有达到真正的统一。只有所有从事道德教育的工作者意识到了二者之间的差别，我们才能有意识地去寻找二者之间产生偏离的根源，才能杜绝这种偏离的滋生蔓延，促进二者走向统一。

第二，抛弃只重动机或效果的两极化道德评价模式，注重道德教育过程的完整评价。对于一个行为来说，动机与效果虽然对于行为的性质具有至关重要的作用，但是它绝不具有决定性。因为动机与效果不过是行为的两极，它在一个漫长的行为过程中，只不过是极小的组成部分，所以，它们无法完全决定行为的道德性质，为了对一个行为进行道德评价，我们就必须考察行为的完整过程。在评价道德教育过程中，不仅要关注道德教育的动机和道德教育的效果，同样要关注道德教育的手段和方式，否则我们就无法保证"道德教育"就是"道德的教育"。这也就意味着，我们对于道德教育要采取动态的道德评价机制，对于道德教育进行道德评估的时候，就不仅要审查教育者的动机和受教育者的实际后果，更要审查道德教育工作者在道德教育各个阶段所采取的教育手段和教育方式，从而防止道德教育各个阶段和各个环节偏离"道德的教育"的本性要求。作为道德教育工作者，则严格按照这种道德评价的要求，完善整个道德教育过程，以免出现不道德的教育手段和方式。

第三，在关注道德教育过程道德性的同时，促进道德教育环境的道德化。道德教育不是在真空中完成的，道德教育必然处于各种具体的社会环境之中，而道德教育的实效性也会受到这些具体社会环境的影响。如荀子所说，"蓬生麻中，不扶而直；白沙在涅，与之俱黑。兰槐之根，是为芷，其渐之滫，君子不近，庶人不服，其质非不美也，所渐者然也。故君子居必择乡，游必就士，所以防邪僻而近中正也"①，就是强调环境对于道德教育的重要影响作用。实际上环境不仅影响道德教育的效果，而且也会影响道德教育活动本身。一个长期生活于具有高尚道德氛围中的教育工作者，也会采取更加道德的方式和手段来开展道德教育，而那些生活于暴力和专制横行环境中的教育工作者也会受到影响，难免会采取一些暴力的手段和专制的教育方式。正是由于这一点，杜威强调，道德的教育的出发点和归宿不是受教育者而是环境，构建一个道德的学校教育环境乃是道德教育的重点。内尔·诺丁斯则强调，完美的道德教育并非道德教育这门课程本身，而是学校内部所有的教育活动、所有的人和事都是道德的。因为只有在这样的环境中，人们才能感受到道德的温暖和力量，人们才会自觉自愿地去做一个道德的人，道德教育才能真正发挥润物无声的效果。

反观现实，我们的"道德教育"离"道德的教育"还有比较长的距离，还远远没有达到变成"道德的教育"的要求，为了缩短二者之间的距离，促使"道德教育"变成"道德的教育"，进而提高道德教育的感召力和实效性，我们还需要付出艰辛的努力。虽然沿途充满荆棘，但是只要我们坚持不懈，就必然能够到达终点。

---

① 出自荀子《劝学》。

# 第二章 人文素质教育的现状及发展

## 第一节 对我国高校人文素质教育的思考

教育部自20世纪90年代中期就开始倡导素质教育，此后，教育部又推出了一系列有关高校学生人文素质教育的措施，并认为，我国的高等教育应把人文素质教育当作重要的构成部分。很多教育界人士也一再呼吁学校和社会要重视对大学生文化素质的培养和教育。我国在"十一五"期间就已经提出了素质教育的主题，其中的重点就是要加强人文素质的教育。本节主要就如何推动高校大学生的人文素质教育展开研究和探讨。

### 一、人文素质教育的主要内涵

所谓"人文"，可以指传统的礼教文化，也可以指相对于自然来说的人和事。所谓"素质"，现代普遍的观念认为其包含了人的体质、品质和素养三个重要方面。而所谓的"素质教育"是指运用科学的教育方法，把人的天赋和社会层面有机地结合起来，以全面提升个体的综合素质，从而实现人与社会的和谐统一，促进人的全面发展，进而达到提高素质水平的最终教育目标。简言之，素质教育指的就是把人的素质提高作为重要内容和最终目标的教育，主要包含了生存素质教育、自然素质教育和人文素质教育三大类。其中的人文素质教育是所有素质教育中最重要的内容，属于素质教育的最顶端。人文素质指的是人们所具备的人文方面的知识、能力、品质和意志情感等多方面的综合素质，强调个体的内在气质和修养。人文素质教育主要是培养人的文、史、哲、艺等多方面的知识修养，从而在正确的行为态度的指引下，以崇高的道德感来实现人性的真正完整，其最终目标是培养崇高的人文思想和人文精神。从人与自我的关系来讲，人文教育要让人体会到自我价值的重要性，树立远大的人生理想；从人与他人的关系来看，人文教育要让人懂得乐于助人的处事原则，并努力追求和建立良好的人际关系；从人与社会的关系来看，人文教育要让人懂得实现社会价值的必要性和重要性，具有顾全大局的奉献精神，为社会服务和造福；从人与自然的关系来讲，人文教育要使人们意识到尊重自然的必要性和重要性，积极保护我们赖以生存的自然界。

## （一）人文与大学生人文素质

什么是人文？目前人们的理解并不一致。在我国古汉语中，"人文"是与"天文"相对的一个词，较早见于《周易》："刚柔交错，天文也；文明以止，人文也。"译成白话文是：日月星辰交互运行于天，即"天文"（天的文饰），亦即天道自然规律；以文明使人止于应有的礼数，即"人文"（人的文饰），亦即社会生活中人与人之间的伦常秩序。显而易见，人文是指区别于自然现象及其规律的人与社会的事务。在西方，没有"人文"一词，只有"人文主义"。人文主义源于欧洲文艺复兴时期，指的是与宗教神学相对的、以人和自然为对象的整个世俗文化,其内涵与中国古汉语中的"人文"是有区别的。我们讲的人文素质教育,应该说是取自我国传统文化理解的"人文"含义。根据对"人文"一词的历史考察,笔者认为,加强大学生的人文教育,首先应该是指加强文学、史学、哲学、道德、艺术等以人为关注对象的课程教学。这些课程被人们通称为"人文课程"或"人文知识"。学生学习这些课程后,如将其中阐述的信仰、理想、价值取向、人格模式、审美情趣等贯穿到自己的行动中,做到知行合一,就形成了"人文精神"。在人文精神方面的修养水平,就是所谓的"人文素质"。高校人文素质教育的任务,就是通过人文知识的传授、环境的熏陶以及学生自身的实践,将人文精神内化为学生相对稳定的内在品质。

## (二)人文与科学的区别及联系

人文是不是科学?人们常常习惯于把人文与科学并成一个概念,称为"人文科学"或者"人文社会科学"。笔者认为,这种混为一谈的叫法是错误的,人文与科学是两种不同形式的文化,二者至少存在这样一些区别:第一,就主观与客观的关系而言,人文的任务是塑造人的内心世界和调节人际关系,以及表现自我,具有主观性;科学的任务是揭示事物发展的客观规律,探求客观真理,自我被排除在外,具有客观性。第二,就内容而言,人文的内容是人认识自己,它所要解决的问题是区分人性的善恶,主要是一种价值体系和伦理体系;科学的内容是认识外物,它所要解决的问题,是辨别事物的真假，是一种认识体系和知识体系。人文重视传统的维护，科学强调突破传统、贵在创新。第三，就评判标准而言，人文是以直觉为主导的情感文化，只能通过各人的价值判断能力去感悟善恶、美丑，难以做出事实的判断；科学是以理智为主导的理性文化，可以经受实践的检验和逻辑的论证。人文把圣贤和英雄人物作为学习的榜样，而科学只追求真理，不崇拜任何偶像。第四，就功利性而言，人文是一种人格模式和思维方式，进行人文修养的目的，旨在丰富人自身的精神世界，不是为了追求功利；科学是一种手段和工具，进行科学研究的目的，旨在运用知识，增强人认识世界和改造世界的能力，具有明显的功利性。依据这些区别，不难发现，目前有些院校名为加强学生人文素质教育，而开设的选修课中，有些实际上仍是科学教育课，不能算作人文课程。

人文和科学存在诸多区别，但二者也并非完全对立。特别是作为科学领域一大类的社会科学，更是与人文存在难以分割的联系。社会科学是以社会现象为研究对象的科学，其任务是研究并阐述各种社会现象及其发展规律。人文是一种社会现象，所以，人文是社会科学研究对象的一部分。不同的人文现象形成了各种社会科学门类。例如，文学艺术是人文，古今中外的小说、诗歌、散文、音乐、舞蹈、书法、绘画、雕塑、戏剧、电影等等，当然不是科学，但是，以它们为研究对象的文学史、文艺理论、文艺批评、戏剧史等等，则是社会科学；又如历史，本是对过去发生的事实的记载，当然也无所谓科学或不科学，但是，以历史唯物论观点去分析历史，从中揭示历史发展的客观规律，则又是一门社会科学；再如哲学，研究的基本问题是思维和存在的关系问题，它本身不是科学，但是以哲学为研究对象的哲学史则是科学。如此看来，人文是社会科学的研究对象和哲学基础，离开了人文，许多社会科学就不能存在和发展。至于说人文精神对科学领域的渗透，则比人文知识更为广泛，不仅是社会科学，即使在自然科学中，也无不蕴含着深邃的人文精神。

### （三）人文与马克思主义的关系

马克思主义与人文和科学比较起来，其地位要特殊一些。马克思主义是在继承前人创造的一切优秀文化遗产的基础上建立和发展起来的，它当然没有排斥人文，而是将人文内含在自己的思想宝库之中。马克思主义绝不仅仅是一种人文。它不仅要求人们知性反省，更主要的是揭示事物发展的客观规律，探索客观真理，指导人们改造客观世界和主观世界，因此，我们说马克思主义是一门科学，通常的做法是把它归为社会科学。同时，马克思主义与一般的社会科学又有区别。与政治学、经济学、军事学、社会学、法学、史学、教育学、文艺学、语言学等一般社会科学学科比较起来，它至少有这样两个最显著的特点：一是鲜明的阶级性，它是全世界无产阶级革命斗争经验的总结，是指导无产阶级推翻资本主义、实现社会主义和共产主义的强大思想武器，这种极其鲜明的阶级性是任何社会科学所不具备的，因此，人们总是习惯地把马克思主义课称之为"政治课"。二是彻底的科学性，社会科学自古有之，但是在马克思主义出现之前，实际上从未产生过完整的、真正发现了社会发展客观规律性的社会科学。只有在马克思主义产生以后，有了辩证唯物主义与历史唯物主义的哲学基础和剩余价值学说的重大发现，才使人们能够对社会历史的发展做全面的、历史的了解，把对于社会的认识变成了科学。在今天，我们进行任何科学的研究，都离不开马克思主义立场、观点和方法的指导。马克思主义是一种世界观，是一种方法论，是用以武装科学研究工作者头脑的科学。

## 二、加强大学生人文素质教育的必然性

### （一）加强人文素质教育是高校和高等教育界必须正视的课题

我国目前的高等教育要普遍提高大学生的人文素质和科学素质。高校要开展和加强人文素质教育，必须了解先进文化的内涵，并探索出发展先进文化的途径。因此，高校开展人文素质教育与发展先进文化是一致的。否则，人们在享受先进成果的同时，也会遭遇严重的道德缺失和落后的人文精神。

### （二）加强人文素质教育是帮助大学生树立正确的世界观、人生观和价值观的需要

高校需要为学生的人文素质教育打好基础，帮助学生树立正确的世界观、人生观和价值观，促进大学生的身心得到全面发展。从古至今，任何教育都离不开人文精神的作用，可以说它是教育的高级目标，人的思想升华必须通过有效的人文教育来完成，从而正确引导人们的价值观念，在传播知识的同时，也使人们的精神世界焕然一新。

### （三）加强人文素质教育是培养大学生创新意识和创新能力的需要

在当前科技不断更新、社会快速发展的时代，要培养大学生的创新精神，必须加强人文素质教育。可以通过历史的经验教训来指导学生的求学过程，通过哲学的哲理来启发学生的智慧，通过文学艺术来提高学生的思维能力，激发他们丰富的想象力。因此，我们要充分发挥人文素质教育深厚的文化功能，激发学生的创新思维，完善学生的逻辑思维和形象思维能力，创造一个有利于培养创新人才的人文环境。只有这样，高校教育才更具活力和吸引力，才能为人文素质教育打下良好的基础。

现代教育应该特别重视"以人为本"的教育理念，不仅让学生学到必备的专业知识和技能，更要培养学生的自我意识、完善的人格特征和正确的世界观、人生观和价值观。通过建立和谐的人际关系，学生可以正确定位自己，实现自我价值和社会价值的有机统一。这样的教育才会培养出综合素质过硬的人才。因此，我们必须加强大学生的人文素质教育。

### （四）提供人文素质教育是适应学科发展的需要

科学的发展，一方面是原有学科分工越来越专业化，新兴学科不断涌现；另一方面，学科的交叉渗透，特别是自然科学和人文社会科学的综合化趋势越来越明显。美国国家工程院前院长奥古斯丁称现代工程学已进入一个社会工程时代，认为21世纪工程师面临的许多巨大的挑战，都是起因于非工程因素。他说，现在的工程里有不同学科的综合，要求工程师善于研究跨学科的难题，并能取得突破。为适应这种学科交叉、文理渗透的发展趋势，培养能够综合创新的复合型人才,已成为国际教育改革的新潮流。因此,笔者认为在高校教育上实现自然科学、工程技术同人文社会科学的融合,自觉而有效地帮助理工科学生开拓人文社会知识领域,帮助文科生开拓自然科学和工程技术领域,并提高相应的素质是十分必要的。所谓大学的综合性,不仅体现在设立了多方面的学科,更体现在学科及人的素质的交叉综合上。

## 三、加强大学生人文素质教育的有效措施

### （一）明确人文素质教育在大学教育中的重要地位

人文素质教育是将人类优秀的文化成果通过知识传授、环境熏陶等途径,使其内化为人的气质、修养程度、形成人格的过程。人文素质是人在社会化过程中即自我完善的过程中起支配作用的核心素质,它在教育过程中自然也应处于核心地位。当代文化教育学的创始人斯普朗格提出："教育绝非是单纯的文化传递,教育谓之为教育,正在于它是人格心灵的唤醒,这是教育的核心所在。"[1]强调教育的重要使命是培养人性、塑造健康完善的人格,这也是人文素质教育的根本和宗旨。高校在传授给大学生专业知识的同时,重在进行精神引领和人格教化。因此,大学应该将人文素质教育置于整个教育目的的核心地位,把人文素质教育作为一种教育理念,贯穿于高校培养人才的全过程。学校依靠自行组织、控制机制,通过教学管理和行政管理、教职工队伍建设、资源建设等各方面通力合作,将人文素质教育落实到日常教学管理和各种教学活动之中。

---

[1] 赵祥麟：《外国教育家评传》,上海教育出版社2002年版。

## （二）改革课程设置

我国高校应尽快改革当前的课程设置，有计划地开设并实施人文社科类课程，可以根据学生的不同需求和实际情况，把人文社科类课程设置为必修课或选修课，加强课程的针对性和全面性，以科学合理的教学内容使学生乐于学习和接受。同时，对于重要的必修课——"两课"，即马克思主义理论课和思想品德课，高校教师要强化这两门课对于人文素质教育的基础作用，充分发挥"两课"优势，带动人文素质教育前进的步伐。因此，高校必须加快课程改革的步伐，尽快建立一个科学可行的人文素质教育体系，使学生不仅能够学到专业知识，更能锻炼个人的性格修养，从而成为"为做人而学"的高素质人才。

## （三）加强高校师资队伍建设，充分发挥教师的先锋作用，营造和谐的师生关系

教师是高校实施人文素质教育的主要力量，我们必须加强教师的人文素养，合理提高人文社科类课程的比例，将文化因素融入到各门功课中去，使得人文精神能够通过教师彻底地渗透进教学的各个环节和过程中。因此，当代的大学教师不仅要传道授业解惑，更要以身作则，以正确的价值观念和崇高的人文修养去影响和感染学生，让学生学会专业知识和技能的同时，更学会做人做事。因此，高校目前的任务就是要尽快从质量上抓师资队伍建设，尤其是对于中青年教师更要重点培养，全面提高教师队伍的人文素质水平。

提高教师人文素养。教师是实施素质教育的关键因素，人文精神的塑造主要来源于教化，通过内在教化作用于人的情感状态，在潜移默化中改变人的价值取向，影响人的情感、气质、性格、胸襟等。大学教师担负着塑造大学生理想人格、培养正确的价值观和健康心智的重要使命。加强教师的人文素养是提升大学生人文素质水平的前提和基础。教育部提出高校加强素质教育要做到"三个提高"：提高大学生的文化素质，提高教师的文化素养，提高大学的文化品位与格调。首先，大学教师必须转变人文素质教育是社科教师的职责的观念，加强自身的人文素养，从本专业出发，自觉学习。比如通过自修的方式，读一些人文与科学精神紧密结合的文章，作为向导，促使思考，同时积极结合本专业的具体问题，开展人文素质的研究工作，不断提高自身人文素养。其次，在教学过程中，把人文素质教育渗透到教学的各个环节，使知识教育和人文教育、科学精神与人文精神高度融合。在教学中教师将自己有关人文研究的成果和知识引入对具体专业问题的分析中，将理性教育和感性教育相结合，以启发式的教学、心理辅导和心灵教化等现代化教育方式，阐释不同学科与人类社会发展的密切联系，不仅传授学科的专业精神和学术要义，还通过率先垂范、言传身教，展现科学知识范围以外的亘古不变的人性、人情、真理，使一个具有专业知识和技能的人同时具有高尚的人品、强烈的社会责任感和坚实的人文素质。著名国学大师季羡林先生最广为人知的并不是他高深的学术造诣，而是他身上秉承的传统的人格理想和古典的美学精神，他代表的中国知识分子的精神和良知，深深感染着当代大学生的心灵。最后，就高校而言，大学要积极推进教师人文素质的提高，组织教育者的再教育，通过多种途径，如请名流大师讲学、组织观摩课、以老带新等方式提高教师的人文修养，使大多数教师具备人文教育的能力。同时建立科学的教学质量评价体系，将人文教育纳入其中，也可以开展人文素质教育研讨会，提高教师对人文教育重要性的认识，进而转化为自觉的行动。

### （四）优化校园人文环境，建设文化校园，充分发挥校园文化的功能

每个人的成长都离不开环境的影响，学生若能在健康浓郁的人文环境中学习和成长，则会逐渐提高自身的修养和品位。人文素质水平是人内在的品质，是内化了的性格和气质。对于这样一个内在的东西，我们必须通过文化元素来培养和加强。从"硬件"设施来说，我们可以建设一些名人塑像、纪念碑和语录牌等物质性的人文景观来创设一个良好的人文环境，还可以通过加强校园内外部环境的建设，为学生营造一个健康美丽的大学校园，使学生身心愉悦；从"软件"方面来看，我们要加强高校的校风和学风建设，不断提高学校的文化品位，努力建立一种平等、民主和具有浓厚人情味的人际关系，使大学生在一种团结奋进、积极向上的校园文化中，亲身体会到大学校园的丰富多彩和积极向上，从而获得强大的人文精神。

大学不仅有浓郁的学术文化氛围、恬静的人文治学环境，还拥有丰富的历史文化典籍和多样化的知识资源。浓厚的文化气息和学术气氛是良好的校风、学风、教风的外在表现，对学生性情的陶冶、境界的提升、情感的升华等起到潜移默化的作用。学生生活在其中，耳濡目染，其人生追求和思想品

格会因此不断提升。校园文化建设作为大学课堂人文素质教育的课外延伸，灵活、自由、开放，具有课堂教育不可比拟的优越性。各高校根据历史发展和办学特色营造具有自身特色的人文氛围，是实现高校人文素质教育引导和文化启迪的主要形式。清华大学古朴典雅、求实严谨，北京大学自由开放、兼容并蓄，这些百年老校在历史文化积淀下形成了稳固而特色鲜明的校园文化氛围，大学生浸润其中，终身受益。特色鲜明的校容校貌、有独特内涵的校徽校训、校园标志性建筑、优雅的人文环境等是高校人文氛围的外化表现形式，除此之外，开展各种丰富多彩的校园文化活动、成立大学生社团组织、举办内容丰富的人文讲座等，都能创造独特的人文环境，展现学校独有的人文历史文化和精神风貌，给大学生美的熏陶。华中科技大学作为一所以理工科为主的高校，近年来以人文教育和科技教育相融合作为办学指导思想之一，广泛开设人文社会科学选修课，每年举行"中国语文水平达标考试"，举办人文讲座和自然科学讲座，出版了《中国大学人文启示录》，开展了形式多样、内容高雅健康的校园文化、科技、艺术活动，形成了特色鲜明的校园文化氛围。

## （五）强调人文素质教育中学生的主体作用

由于人文素质教育的受体主要还是学生自身，因此，人文素质教育的效果如何，最根本的还是取决于学生自身。我们必须及时转变学生的学习观念，使其具备积极乐观的心态去自觉主动地接受人文素质教育，通过理论与实践的有机结合，形成其内在的品质和潜力。此外，高校还要注重学生时期的实践活动的作用，有计划有目的地组织学生到一些实践场所进行锻炼和观察，在现实生活中进行更深层次的自我教育和启发，通过这些亲身经历和感受增强学生的社会意识和使命感。这些极具风俗民情的社会实践活动所进行的人文素质教育，将会达到其他任何一门功课所无法比拟的效果。此外，我们还可以加强人文素质教育的研究工作，进一步推进该教育的学科化进程，使得人文素质教育具有全新的理论指导，在更大程度上适应新时期和新形势的发展要求。基于我国高等教育的特殊国情，我们可以有选择地借鉴和学习国外先进经验和理论，创造出一套具有中国特色的、科学可行的人文素质教育理论体系。

### （六）全方位建立一个适应大学生人文素质教育的保障体系

首先，政府要充分重视对于传统教育体制的改革，在制定文件政策之前就要对现实情况进行充分地调查研究，并鼓励高校勇于借鉴成功经验，建立一套科学可行的人文素质教育体系，并通过立法的形式使得这些课程体系得到真实有效的落实。其次，高校要组建人文素质教育的教学团队和研究人员，根据时代的要求制定出适合当前大学生人文素质教育的教学目标和教学内容，使得人文素质教育具有针对性、导向性和发展性。高校要真正落实人文素质教育，还要保证经费充足，这就要求国家和高校都要重视人文素质教育的经费预算和实际投入数额等。最后，高校还要建立一套完整的人文素质教育的评价体系，通过科学可行的评价内容和评价手段来使学生的知识、能力和素质得到协调发展，并通过具体的社团活动等来丰富学生的人文生活，从而真正提高学生的人文素质。

### (七）营造家庭的人文教育氛围

我们常说，父母是孩子的第一任老师，可见家庭的作用是非常巨大的。因此，我们还要重视营造家庭的人文教育氛围，使家庭具备科学的人文教育理念，使学生除了在学校接受人文素质教育外，回到家里仍然能投入到具有人文气息的家庭生活中去。应该说，一个人的家庭生活是否健康，是否人性化、合理化，会直接影响到学生的身心健康和人文素养。高质量的家庭生活必定会为学生养成良好的人文素养提供必要的生理和心理基石。因此，如果想要培养学生的人文素质，就必须充分重视家庭和家长的作用，让家长充分意识到自己言行举止的重要性，努力为孩子营造出优良的家庭文化氛围，培养孩子正确的价值观、生活观等，使学生在和谐温暖的家庭氛围中体验到家庭人文环境。

### （八）引导大学生加强人文素质自我教育

大学精神应该是平等的多元意识、理性的科学态度、自由的个性发展，以及非功利的价值追求。在大学生心理、智力、价值观和人生观树立的重要时期，大学教育无法回避人的心灵需求、人生目标、人生意义和价值观等领域的东西。大学有义务引导大学生认识到人文素质对自身发展的重要性和潜在影响。各高校应深入开展素质教育理论研究，探索富有特色的文化素质教育的实现途径，积极创造条件发挥学生社团的作用，开展丰富多彩的校园文化和社会实践活动，鼓励大学生按照自身内在的需要去塑造自己、发展个性，重塑人生理想，规划未来，建构健全的人格和意义世界，让大学生主动认识到人文精神的价值和力量。人文素质教育方法是多角度、多方位、多渠道、多种形式的。目前，高校人文素质教育还处于探索阶段，人文素质教育本身是复杂的、多元的、长期的，还没有形成统一的模式和评价标准，但人文素质教育也是有规律性的。它是一种综合教育，是一个复杂的系统工程。它的实施是全方位、立体、开放性的过程。它的成功与否取决于能否整合各方面的教育力量，能否协调教育者和受教育者之间的关系，形成良性互动。当前，我国正努力建设社会主义和谐社会，和谐的社会必然需要具备和谐人文精神的大学生去创造。在这一历史背景下，大学生人文素质教育的历史意义显得尤为重要。

总而言之，对于21世纪的高等教育来说，进行切实可行的教育改革是迫切的任务。其中，加强人文素质教育是个重大的课题，对于国家、高校和学生来说，都具有很大的必然性。因此，在这样一个以追求素质教育为主要目标的时代，我们的高校必须从中国国情出发，把握住学生的自身特点和需求，努力推动大学生的人文素质教育进程，使大学生在学到科学知识的同时，学会做人、做事，最终成为具有高尚人文素养的新时代人才。

# 第二节　大学人文素质教育的重要性

在大力推进素质教育的今天，对大学生的人文素质教育也日益引起人们的关注与思考。这对于中国高等教育而言，既充满了严肃的理性思辨，也具有重大的实践意义。大学生作为实施素质教育的对象，对其人文素质的培养更应引起高度关注和重视。

## 一、全面理解人文素质教育的丰富内涵

### （一）人文素质教育的概念界定

人文，是指与人类社会有直接关系的文化，一般把文学、历史、哲学和艺术等统称为人文学科。人文素质，是指人所具有的文、史、哲和艺术等人文学科的知识以及由这些知识系统反映出来的精神在心理上的综合体现。人文素质包括人文知识修养和人文精神两个方面。人文知识修养，是指通过学习获得的比较系统的文、史、哲等人文学科和艺术的知识；人文精神，是指通过各种人文学科知识的吸收而形成的价值观、道德、气节和思维方式。人文素质教育，是以人类优秀文化成果为内容，以提高教育对象内在气质，培养其健全人格，塑造其美好人性为宗旨的教育，是一种需要外在启迪陶冶和内在省悟修养的复杂而有机的教育活动。

## （二）人文精神与科学精神的关系

人文学科是守护精神家园的学科，它赋予我们的行为以意义，用价值赋予社会经济发展以精神动力，是我们这个时代"最深刻的需要"。这种"最深刻的需要"表现为：在市场逻辑起支配作用和科学技术具有巨大张力的时代，一个社会或一个人都会因缺少人文关怀而缺少品味和失去自我，甚至会野蛮和疯狂，而人文学科能赋予社会、世界以方向、目的和意义。在我们的社会中，如果缺少人文的调适力量是不可能实现以人为中心的可持续发展的。人文科学有着久远的历史，在人文科学中包含着"世界上最高的思想和语言"，轻视人文科学就等于轻视人类积累起来的伟大知识遗产。自然科学把握世界的认识方式是科学理性、工具理性和分析理性；人文科学把握世界的认识方式是理解，是审美式理性。如果说自然科学认识活动追求的是"求真"和"合规律性"的话，那么人文科学的认识活动却在人们的直接目的中给以价值的考量，使之"合理性"和趋"善"、趋"美"。人文科学给人以感觉的洞察力，它分担着人类知识能力的一半，从把握世界的方式来看，若抛弃了人文学科就等于抛弃了世界的一半。一个人只有同时具有科学素质和人文素质，他的活动才能体现"合规律性"和"合目的性"的统一、"真善美"的统一。在我们的时代，只有联合自然科学、社会学和人文科学，才有可能解决当今日益复杂的问题，才能为从根本上解决当前中国高等教育的弊端提供有效帮助。

## 二、实施人文素质教育的必要性

### （一）人文素质是学做人的基础，人文教育是"做人学"

教育学生学会做人是我们德育工作的根本任务。学会做人必须以人文素质为基础，因为人文科学体系既是一种知识体系，也是一种价值观体系。人文学科关系到一个社会的价值导向和人文导向，关系到一个民族精神的塑造，关系到一个民族的生命力、创造力和凝聚力。国际上一些知名学者早就发出警告：如果忽视或者轻视人文学科，必然导致整个民族精神和民族智慧的衰退，必然导致整个社会的庸俗化。当今科学技术的飞跃和经济的快速发展，一方面给社会的进步和发展以强大的动力，另一方面也带来了一系列的社会问题——人口问题、贫富差别问题、环境与生态问题、资源问题、道德伦理问题等，这些全球性的"社会病"严重地威胁着人类的生存与发展。它们不是科学技术和物质财富所能够解决的，因此世界都在关注人类的可持续发展问题和教育上的完整人格培养问题，以至通识教育、全人教育、养成教育成为全世界许多学校教育的新理念，而这些教育都涉及人与人、人与社会、人与自然环境的关系等等。因此，人文素质是一个人的道德修养的基础，是学生学做人的基础。人文教育应当作为提高学生思想道德素质的重要手段，也应当作为国家经济发展、社会进步的重要手段。

人文存在的直接意义在于保持传统，一方面表现在保持传统的原则性，另一方面则是促使传统形成一种面对时代发展应有的开放性。人文存在的根本意义源自人的内在精神需求,有了这样一个维度,人才能主动适应纷纷攘攘的外部世界而不至于产生精神、心理上的疏离感,强调传统的根本"功用"也在这里。人文表现为对历史传统的敬畏、对典籍习俗的阐释、对日常生活的倚重、对艺术作品的欣赏、对美德的追求与热爱、对时代精神的弘扬。可见,所谓人文、即人之所以称为人的学问,它本身就属于人性修养之学。所谓人文教育就是人性化教育,是通过人文的濡染与涵化,使人学会做人的教育形式。因此,我国的人文教育首先应当以中华民族的传统文化为基础,这样才不会失去根基,同时对其他的文化也应采取兼收并蓄的态度,"去其糟粕,取其精华",引导学生了解和学习世界各民族优秀文化,使我们的人文教育既具有中国特色,又具有鲜明的时代特点。

## (二)人文素质教育是创新素质教育的基础

创新素质教育是指在学校教育中对学生进行创新精神、创新能力和创新人格的培养和教育。

首先,创新人格的培养离不开人文教育。素质教育努力塑造智商与情商和谐共融、完善健全的理想化人格。创新素质教育则追求人格发展的和谐性与特异性相统一。所谓人格发展的和谐性,就是注重德、智、体、美、劳诸教育在学生身心发育中的有机渗透;所谓人格发展的特异性,即从事未来创造性工作所必备的独特精神品质,主要包括坚持探索,不随波逐流的独立人格,标新立异、破除条条框框的批判精神,不拘陈见、富于变通的灵活态度,博采众长、吸纳百川的广阔胸怀。人文素质教育的特点就是十分注重感受性和体验性，可以说，文、史、哲、艺等学科都具有感受性和体验性的特点。相对自然科学而言，人文学科的教育对培养人的内化机制，鼓励学生对世界的好奇心、求知欲和探究精神，使创新活动具有深层动力机制，起到更大的作用。人文底蕴越深、视野越宽，融会贯通的能力、再创造的能力才会越强。在这个意义上，可以说创新素质教育在本质上就是一种文化和人格教育。

其次，文化素质教育也十分有利于活跃与完善思维方式，提高思维水平。逻辑思维保证思维的条理性，数学思维保证思维的精确性，实证思维保证思维的可靠性，在这些思维之上的直觉思维则用以保证思维的创造性。而直觉思维同人文教育的启迪、同人的右脑的开发关系甚为密切。爱因斯坦的成就、经历与他自己的体验充分证明了他的一个论述：知识是有限的，而艺术开拓的想象力是无限的。众所周知，他是位物理学家，又十分喜爱小提琴，是物理给了他知识，艺术给了他想象力。知识是有限的，想象力概括着世界的一切，是无限的。没有想象力，就不可能有创造性，而想象力的培养，恰恰需要人文教育。比如，文化素质教育中非常重要的组成部分——艺术教育（如绘画、舞蹈、音乐及文学作品欣赏等艺术活动），不仅能提高人的审美能力，而且对人的智力开发，尤其是人的创造力的开发有着重要的意义。艺术活动通过其形象性、感染性和愉悦性，既能有效地激发人的热情，也能有效地激发人的创造性。艺术活动开发人的形象思维能力，但凡受过良好艺术教育或具有艺术修养的人，皆具有发达的形象思维能力。法国数学家阿达马曾经做过一个调查，结果显示在100位数学家中有98人认为他们的创造性探索是以形象为基础的。因为艺术作品有着丰富的潜在内涵,是一个复杂的、多层次的动态结构,具有激发和调动欣赏主体心理活动的功能,即召唤功能。诺贝尔物理学奖获得者李政道博士认为:"艺术和科学是相通的,艺术和科学的共同基础是人类的创造力,它们追求的目标都是真理的普遍性,科学和艺术是一个硬币的两面,这枚硬币就代表了文化。"[1]他认为,越是伟大的科学家,越深深地热爱艺术,从艺术宝库中汲取的养分也越多。艺术活动激发了人的灵感思维,艺术活动能够积累美感经验和提高艺术修养,而美感经验与艺术修养能够以其独特的魅力诱发、激活人们的灵感思维。

### (三)人文素质教育是心理健康的基础

任何心理问题都不可能是纯心理问题,必然会受到社会环境因素的影响。但环境本身并不能使人们快乐或不快乐,人们对周围环境的反应才能体现自身的感受。同样,这种对环境的反应取决于一个人的人文底蕴。近年来,我国大学生的心理疾患发病率呈上升趋势。就我们最近几年在大学心理咨询中所接触的问题来看,当今大学生中普遍存在的心理障碍包括学习障碍、情绪障碍、交往障碍、性心理障碍和人格障碍等等。这些数据和现象不得不引起我们每一位教育工作者、学生本人,乃至社会各界人士的关注与深思:这些学生的身上究竟缺少了什么?笔者认为,他们缺少的是对现实社会的适应能力,对情绪的自我调节、自我解脱能力,以及对自我正确认识、分析的能力。

提高学生整体文化素质是实施心理健康教育的一项重要措施,因为文化

---

[1] 李政道:《科学与艺术》,上海科学技术出版社2000年版。

素质是学生身心素质发展的基础。一方面学生可以通过学习文、史、哲、艺等人文社会科学知识，正确认识人与自然、人与社会、人与人的关系，懂得生命存在的价值，从而爱惜生命，注重身心健康。另一方面可以提高学生的精神境界，培养学生科学的思维方法和生活方式，使他们能够正确认识种种矛盾，从而产生实现理想的顽强毅力和百折不挠的奋斗精神。而这种毅力和精神正是一种可贵的心理品质。因此，要真正培养学生健康的心理素质，也必须以文化素质作为支撑。

## 三、实施大学人文素质教育的途径

大学人文素质教育是一个复杂的系统工程，需要学校、社会、家庭等各方面的教育形成合力，持之以恒，常抓不懈，才能有所收获。仅就学校教育而言，应该着重做好以下几方面的工作：

### （一）转变教育观念

教育价值观念的变革是实现人文素质教育的关键。现代社会的发展要求教育不但要授人以"才"，而且要成人以"性"。要造就"和谐发展的人"，就要改变那种单纯注重传授知识的教育观念，建立一种"通才教育观"或"通识教育观"。"二战"后，美国教育界针对国内的教育弊端，提出实施"通才教育"的主张，他们希望通过这种教育兼顾"专业"与"教养"，使受教育者既掌握专业知识，又通晓人生事理。在当代，各国为使教育适应未来发展的需要，都在更新教育价值观念，这种观念的实质正是注重科学素质和人文素质的统一。而今，中国的"教育要面向现代化，面向世界，面向未来"[①]，就必须摒弃与社会的要求相去甚远的陈旧、错误的观念，使中国的高等教育实现科学教育与人文教育的有机结合，以培养全面发展的人为目标，为社会造就有用之才。

### （二）优化课程体系，强化学科渗透

课程是让学生获得系统人文科学知识的主要渠道。各学科除了落实教学大纲外，还要充分挖掘本学科丰富的人文内涵，制定出加强人文素质教育的具体目标和要求，在教学中积极进行人文素质教育。同时还应当开设一定的关于人文学科的选修课程。

### （三）加强师资队伍建设

教师是教育的主导，担负着教书育人的重任。要想拥有高质量的教育和高素质的学生，必须先拥有高素质的教师队伍。为适应全面推进文化素质教育的需要，首先，不仅要改善和优化教师的知识结构，还要采取切实可行的措施，着力提高教师的文化素质。要把提高教师的文化素养纳入师资队伍建设的规划，定期对教师进行文化素质的培训。要将文化素养作为教师教学质量和水平考核的重要内容，激励广大教师热爱教育，增强他们的使命感和奉献精神，使关心人才的全面成长成为教师的自觉行动。其次，要树立教师的榜样作用，学生人格的构建需要教师人格的示范，"精神要靠精神来支撑，心灵要以心灵来沟通"。另外，人文素质教育强调培养学生的主体意识，独

---

① 邓小平："邓小平为北京景山学校题词"，《人民日报》1983年09月10日第3版。

立人格的批判精神，这就需要教师有更为宽阔的胸襟、渊博的知识和宽容的态度。要承认学生个体的差异，允许学生个性的张扬，帮助学生发挥特长，要为学生提供成才的沃土，与学生建立新型的师生关系。

### （四）优化育人环境

注重和风细雨的熏陶，构建润物无声的育人环境，在人文素质教育中方能对学生起到潜移默化的作用，引导他们茁壮成长。优化育人环境有"软""硬"两方面的任务。从"软环境"来看，必须抓好校风建设。在校风中起决定作用的是群体的价值观和文化背景。校风的形成不是一朝一夕之功，它是学校精神的体现，是学校历史的积淀、传承和再造。优良校风的形成主要靠学校师生认准目标，齐心协力，经过若干年的努力才能逐渐形成。学校领导作风要正，广大教师教风要端，广大学生学风要严。在一个人心思进、见贤思齐的集体氛围中，学生的身心才能得到全面发展，个性特长才能充分展示。从"硬环境"来看，要不断美化、优化学校的教学、文化和生活场所，抓好校园绿化，让校园绿树成荫，鸟语花香；要搞好校园布局调整，让学生进入校园后赏心悦目，心情舒畅；要重视校园文化建设，"让每一堵墙壁都开口说话"[①]；重视校标的设计和设置，发挥各种雕塑、画像、纪念馆、宣传栏、校园网络的教育功能，展示学校荣誉，凸显校园文化，提升校园品位。

---

① 苏霍姆林斯基：《帕夫雷什中学》，赵玮等译，教育科学出版社1983年版。

### (五)其他途径

①举办讲座。让校内外教师、学者开设人文科学讲座是一个内容丰富、思想活跃、形式灵活、听众广泛的方式,可开阔视野、启迪思维、激发情感、丰富知识。②开办社团活动、课外兴趣小组活动。通过各种社团活动,组织学生读书、研讨、创作,引导他们探索人生的真谛、陶冶情操、发展特长、培养能力,开办第二、第三课堂;组成各种兴趣小组,如诗社、剧社、文学社、画社、乐队、舞蹈队、合唱队等等。③阅读。人文知识的丰富主要靠自己学习,自学的主要途径是读书。大学生思维敏捷,记忆力强,接受力强,正是读书的好时候。应当抓住时机读一些好书,背一些好诗,记一些名句,这将使学生受益终身。而教师应在学生阅读时给以适当指导,做学生"心灵的持灯者",引导他们高举人文精神的火炬,穿越成熟前的"思想暗夜"。

总之,大学人文素质教育是时代精神的呼唤,是促进教育改革,促进高科技和高素质的统一,是培养出既有知识能力又有健康人格、既会做事又会做人的高质量人才的基础。它切实可行,势在必行。

## 第三节　我国高校人文素质教育体系建设

人文素质体现了一个人的思想道德修养。一定的思想道德观念总是以一定的文化底蕴为基础,一定的人文意识又总是蕴含着一定的价值观念。大学生是我们国家的未来、民族的希望。他们的理想信念、思想道德和科学文化素质如何，不仅直接影响他们的成长，而且关系到我们国家的前途和命运。21世纪高等教育的新使命就是促进科学教育与人文教育的融合。科学教育和人文教育都是现代教育中不可或缺的重要组成部分。只有科学精神和人文理想兼备的人，才是现代意义上的全面发展的人。人文教育的核心是人文精神的培养和人性的完善、提高，对促进人们树立正确的世界观、人生观和价值观具有重要的作用。在人类跨入21世纪的今天，人类社会已经步入一个高度综合化的新时代，高等教育在教育体系、教育内容、教育方法上趋于文理融合，随着知识经济、信息社会的不断发展，加强大学生的人文素质教育已成为当前世界高等教育改革与发展的潮流和趋势。高校要充分认识到人文素质教育在人才培养模式改革中的重要作用，积极探索和完善大学生人文素质教育体系，与时俱进，更新教育观念，深化教育教学改革，促进大学生的全面发展。下面就此提出几点粗浅的看法。

## 一、积极推进课程体系改革

素质教育是一种教育思想、教育理念，因而要贯彻到教育的各个环节，贯彻到教育培养的全过程。在当代大学生的成长过程中，高等教育对大学生素质养成的影响和作用不应仅仅局限于课堂之中，还应贯穿于学习、生活的全过程，"第二课堂"的教育活动应逐步纳入整个学校的素质教育体系中。要改变过去紧紧围绕专业设置课程的方式，突破狭窄的专业局限，充分吸收当代自然科学和人文科学的最新成果，建立符合受教育者全面发展规律、激发受教育者创造性的新型课程体系。

## （一）加强课程建设

课程的结构决定了学生的素质结构。课程教学是人才培养的最基本途径，自然也是加强人文素质教育的重点。要培养大学生优秀的人文素质，必须积极推进课程体系改革，所有专业都向人文教育拓宽，在学科结构和学生知识结构上重视文理学科的综合，有目的地建立一系列有利于培养学生人文素质的、具有广泛性、交叉性和时代特征的课程：一是适当减少必修课，增设人文社会科学课程，增加选修课，设置文理交融渗透的新型课程和学科。规定各类学生既要学习自然科学知识，又要学习人文社会科学知识，同时允许学生根据需要可以自由选修各门课程，并使这种跨学科的教学模式贯穿整个高等教育过程。二是设置一系列面向全体学生的、反映各学科前沿发展动态的以及该学科与人类社会发展相互关系为主要内容的短课程，使学生能在较短的时间内了解最新科技发展动态和研究前沿，扩大学生的知识面，开阔学生的视野。三是开设一系列符合大学生特点的人文素质教育特色课程和艺术课程，鼓励学生自学名著名篇。开设既保证培养学生科学素质，又注重培养学生人文素质的课程，使人文教育和科技教育相融合。通过加强大学生的人文素质教育，进一步陶冶情操、净化心灵，培养学生品质，促进学生的身心全面和谐地发展，以适应21世纪的发展要求。

## （二）开设人文素质教育讲座

人文素质教育讲座是开展大学生人文素质教育的有效途径。我国传统文化的一个重要特点就是重视人文精神和人文教养，即重视人自身的教化和塑造。这些优秀的文化传统促进了中华民族的繁荣,陶冶了我们的民族精神和智慧,至今仍具有不衰的魅力。人文素质教育讲座不仅具有学术功能,而且具有人文教育功能,以深厚的人文精神与科技对话,以自信的民族传统与西方文化对话,以高远的大学文化与社会生活对话,以广阔的知识视野与专业体系对话,借以培育大学生的人文底蕴。开设人文素质教育讲座首先要突出人文主题,重点要突出"文、史、哲、艺"的人文主题,使每一个讲座都能为听众打开一扇窗户,展现一片新天地。其次要精选主讲专家、学者:一要在本专业有较深的造诣。二要考虑到青年学生的思维特点,聘请的专家应同时兼顾老年及青年。三要有良好的表达能力。四要兼顾理论性和通俗性。人文讲座既可以是高雅的,也可以是通俗的,在坚持安排高格调、高品位讲座的同时,也可适当安排一些学生关心的热点问题讲座,努力做到雅俗共赏。因此,要积极发挥高等院校学科门类齐全,师资力量雄厚的优势,有目的地聘请校内外知名专家学者、教授为学生举办讲座,引导、教育学生热爱科学、追求真理、陶冶情操,端正人生态度,提升人格魅力。

### (三)发挥"两课"的主阵地作用

高校"两课"是全面推进素质教育的重要阵地,是大学生的必修课,在把新一代大学生培养成为社会主义事业的建设者和接班人方面起着不可替代的作用。1995 年 10 月教育部在《关于高校马克思主义理论课和思想品德课教学改革的若干意见》中明确指出:"要把马克思主义理论课和思想品德课作为人文社会科学的重点学科加以建设,把'两课'作为学校的重点课程加以建设。"其实,"两课"从其内容和学科性质看本身就属于人文、社会科学类课程,对学生人文知识和人文能力的培养具有重要作用。人文素质教育的核心目标是培养学生的人文精神,如热爱祖国、奉献社会、不屈不挠的精神品质,这与"两课"的主要教学目标——培养爱国主义、集体主义、社会主义精神,树立正确的世界观、人生观、价值观内涵一致。因此,我们要充分发挥"两课"在人文素质教育中的主阵地作用:一方面在"两课"教学中增加有关人文教育的内容,使师生认识到人文素质教育是当代社会、政治、经济、文化发展对教育提出的必然要求,是加强思想道德建设的有效措施。另一方面要发挥"两课"的主阵地作用,渗透人文教育,把人文精神渗透到教育和教学的各个环节中去。通过"两课"教学,让跨世纪的青年学生从科学的理论中树立远大的政治理想,增强建设具有中国特色社会主义的信心和责任感,树立正确的世界观、人生观和价值观,使他们健康成长,担负起建设具有中国特色社会主义的宏伟大业的重任。

## 二、提高教师队伍的整体素质

实施人文素质教育,教师是关键。教师是大学生人文素质教育的直接组织者和实践者,与学生接触最多,对学生影响最大。师资队伍的素质水平直接关系到教学效果和教学质量。

### (一)加强教师队伍的师德建设

师德师风是整个学校的精神面貌和灵魂。教师是人类灵魂的工程师,教师的示范作用和榜样力量是最直接和无穷的,教师的思想道德素质和品行学风、言传身教及其敬业精神对学生发挥着潜移默化的作用。加强师德师风建设,是高等学校责无旁贷的使命,是高校教师义不容辞的任务。在复杂的国际、国内环境下,要不断提高教师自觉、熟练运用马克思主义的观点、立场、方法去分析现实问题,提高解决难点问题的能力,不断提高思想素养。要通过多种渠道大力培养教师具有科学正确的世界观、人生观和价值观。在教师的考核和聘任工作中,把教师的职业道德培养放在重要的位置,实行师德条件"一票否决制",促使广大教师增强工作责任感和事业心,努力提高职业道德水平,以高尚的道德规范自己,影响和教育学生;树立良好的职业道德形象,爱岗敬业,为人师表。

### (二)提高教师队伍的科研和教学能力

改革开放以来,高校教师的整体素质有了显著提高。为了提高教学的实效,高校教师不应该只在课堂上单纯传授专业知识,还应该引导学生学会对现实问题独立思考。这就意味着高校教师不仅要具有对民族和人类命运的高度责任感和使命感,还要具有高尚理想、信念和情操的人格力量,而且要具有坚实的理论功底、广博的知识结构,能够结合专业教学进行人文教育。教师素质的高低,不仅取决于教师的知识结构和水平,还取决于教师的科研能力。从某种意义上说,教师科研能力的高低决定着教学实效的好坏。因此,教师必须把科研放在更加突出的位置，不断提高业务水平。一个优秀的教师既要具有教学领域的基础知识，又要具有本研究领域的高深知识。而知识的获取，除了博览群书和参加社会实践之外，更重要的是要加强学术研究，通过学术研究来提高理论素养。只有教师的科研素质提高了，教学任务的完成才能真正显示出旺盛的生命力。

### （三）培养教师文理兼通的创新素质

在全面推进素质教育的过程中，许多大学都加强了人文教育，开设了艺术课和人文课，然而由于教师文理不能兼通，存在局限，人文教育与科学教育所形成的只是一种文理杂拌的"拼盘式"教育。文理教育实际上仍是"两张皮"，既不能使学生在科学教育中感受到人文的熏陶，也不能使学生在人文教育中体会到科学的力量。这使得学生无法领会到科学和人文的内在联系和一致性，导致学生的人文素质难以提高。学生人文素质的形成十分需要教师人格的感染与启迪。如果教师在讲授科学现象、规律、方法和应用中渗透了人文精神，学生就会被教师的这种人格魅力所感染，潜移默化地接受教师的思想。因此，培养文理兼通的高素质教师队伍是加强素质教育的当务之急。唐代文学家韩愈云："师者，所以传道授业解惑也。"[①]学生的惑，不仅是学业上的惑，更是悟道中的惑，这就要求教师的"业"和"道"都要有很高的素养，既有高深的学科造诣，又有高尚的人文修养，在教学过程中能够渗透人文素质教育。高校要采取有效措施，促进教师努力提高自身的人文素质，完善知识结构，树立育人意识，在教学中增加文化含量，渗透和融合人文素

---

① 出自《师说》。

质教育，增强人格感召力，使教师成为人文素质的专家、学者，真正发挥他们在教书育人中的作用，引导学生树立正确的世界观、人生观、价值观。

## 三、深入开展社会实践活动

实践是检验真理的唯一标准，也是人们取得正确认识的基本途径。大学生的社会实践活动是指高等学校有目的、有计划、有组织地引导大学生走向社会、接触社会、了解国情、接受教育、丰富知识、提高能力和服务社会的一种实践教育活动。社会实践活动作为我国高等教育的一项特殊的教育内容与形式，具有特殊的素质教育功能，越来越受到人们的关注和重视。

### （一）社会实践活动是整个高等教育体系中的重要组成部分

社会实践活动是高等教育中的重要环节，是培养社会主义事业建设者和接班人的重要途径。大学生社会实践活动作为一种有目的、有计划、有组织的实践教育活动，其根本目的是让学生深入社会、接触实际，通过实践活动了解国情、受教育、长才干、做贡献。大学生社会实践活动的安排，实践内容、形式和地点的选择都要满足高等教育培养目标的要求。大学生社会实践活动的内容可分为两大类：一类是纳入教学体系的，主要包括专业见习和实习、社会调研、毕业设计、公益劳动和军事训练等。另一类是利用节假日或课余时间进行的，主要包括社会调查活动、社区援助活动、"三下乡"服务活动、勤工助学活动、科技开发活动等。高校要引导和鼓励大学生在学习之余走出校门，走向社会，促进教育与生产劳动和社会实践的紧密结合，把所学的知识转化为做人的基本品质和基本态度。如利用寒假、暑假组织大学生开展大型社会实践活动，日常坚持青年志愿者活动、扶弱帮困活动、社区服务、参观革命老区活动等等。通过社会实践活动，学生不仅可以了解社会对大学生素质要求的具体信息，而且可以发现自己的缺点和不足，认识到自己与社会要求的距离，从而增强提高自己综合素质的自觉性和能动性，使大学生的爱国主义、集体主义精神在丰富多彩的社会实践活动中得到升华，境界得到提升，责任感、使命感和奉献精神得到强化。

### （二）营造良好的校园文化氛围，优化育人环境

中国教育历来重视环境育人。随着教育的迅速发展，人们越来越认识到校园文化建设在学校人才培养中所起的重要作用。大学生的人生观、价值观和道德观的形成，人文精神与科学精神的确定，都深受校园文化的影响。校园文化建设对学生综合素质的培养和提高具有潜移默化的作用，并已越来越成为学校教育的重要手段和第一课堂的补充和延伸。在进入21世纪的今天，面对知识经济、信息时代，充分利用校园文化的独特功能，大力培养学生的创新能力与人文精神，更是时代的迫切要求。要坚决抵制腐朽文化和各种错误思想及观点对青年学生的侵蚀，用正确、积极、健康的思想文化占领校园阵地，努力营造符合先进文化要求的良好文化氛围。要积极开展丰富多彩、格调高雅的业余学术活动和文化活动，构建大学生人文素质教育的有效载体。如聘请社会名流、优秀校友来校做报告；引导学生积极参加社团活动，丰富

文化知识；开展内容丰富的文艺活动，如举办文化艺术节、演讲与辩论比赛、模拟法庭等等，培养学生的参与意识。

## （三）加强大学生社团管理，发挥社团的育人功能

学生社团是学生为增长知识、培养能力，丰富和活跃课余文化生活，自愿组织起来的群众性团体。随着社会经济的发展、科学文化的进步，学校的学生社团活动蓬勃发展，类型在增多、规模在扩大，已经成为学生第二课堂学习的主要园地，成为发展学生多方面兴趣、爱好，练就一专多能本领的课外活动形式，在21世纪人才培养中发挥积极的作用。但是，由于学生社团种类繁多，既有娱乐性的，又有学术性的，加上学生社团活动吸引了众多学生，涉及面广，形式多样，因此，管理难度较大，要求也比较高。我们必须正视学生社团活动中可能出现的问题。例如，有的社团活动违背本社团的宗旨，超出本社团的活动范围；有的社团组织内部管理混乱；有的搞小圈子，拉关系；有的甚至借社团之名，进行非法活动。我们要通过采取各种措施和办法，加强对学生社团的引导和管理，更好地发挥社团的育人功能。

综上所述，加强大学生的人文素质教育已成为一种共识，这是当代社会发展对人才培养提出的要求，也是现代教育发展的一个必然趋势。构建完善的高校人文素质教育体系，推进人文教育与科学教育的融合，培养大学生的人文素质，既是理论问题，也是实践问题，高等学校任重而道远。

## 四、人文素质教育课程体系的构建原则

### （一）转变教育质量观，树立全面的质量观

全面的质量观，即树立与现代教育特点相符合的，以促进学生素质全面发展为宗旨的质量观，培养既具有高度的科学精神又有厚实的人文素养的人才，把学生的政治素质、道德素质、文化素质、审美素质、劳动素质、身体心理素质的全面发展水平作为衡量教育工作质量和学生质量的标准。

### （二）转变专业素质观，树立综合素质观

在高等教育中，文化素质是基础，人文素质是基础的基础。人文素质对专业能力的养成和适应未来专业需求的可持续发展能力的培养具有重要的意义。因此，必须转变专业教育就是教会学生如何做事、如何谋生的狭隘观念，也要树立专业教育与人文教育并重的综合素质观念。

### （三）转变课程独立观，构建科学的课程体系

人文素质内涵十分丰富，包括人文科学、社会科学、思想政治、语言艺术、体育卫生等诸多领域，因此必须搭建人文教育课程平台，构建较为科学的课程体系。同时，要在专业课程的教学中，挖掘人文内涵，渗透人文精神，使专业教育与人文教育相结合。除上述显性课程之外，还应注重开发富有启发意义和实践意义的隐性课程，如文化活动、实践活动等。唯有如此，才能实现人文教育的综合化、立体化。

### （四）转变课堂教育观，加强社会实践

社会实践活动是培养学生人文素质的重要途径。因此，必须增加学生的各类实践活动，如社会调查、社会服务等，使学生在多种多样的活动中，在与社会、自然的交往中开阔视野、关注人生，明确自己的责任和义务，正确处理个人与社会、自然的关系，实现自己的人生价值，培养和提高自身的人文素质。

## 五、人文素质教育的效果评价

按照知识、能力、素质协调发展的要求，把人文素质教育纳入人才培养的整体规划之中，构建人才素质的评估标准，在教育管理过程中具有实质性的作用。评价的指导思想、具体指标、方式方法及其效用牵动着人文素质教育的方方面面，影响着人文素质教育落实的力度。在对学生人文素质的评价研究中，应始终强调全面评价，即从学生的整体素质考查，看其各项素质及结构是否合理，是否全面和谐发展，同时突出个性评价和动态评价，即在承认学生个体差异的基础上进行，用发展的观点考查和评价学生人文素质养成的全过程，在实践活动中看人文教育持久发挥作用的程度，用实践检验、评价学生的素质状况。

我们强调，人文素质教育的效果评价应重点把握以下四项工作：

第一，开展新生素质调研工作。组织对历届新生的素质调研工作，制作专门的问卷进行全面的调查研究，获取新生思想道德修养、知识水平、心理

与身体健康状况和已经形成的与专业有关的能力方面的信息，并建立个人基本素质档案。专业导师和教学导师要了解和掌握学生的相关信息，为有针对性地开展选修指导、专业培训、心理咨询、活动规划等提供较为科学的依据。

第二，完善课程管理制度建设工作。将文化素质教育纳入教学管理、学生工作管理、教师业绩评定管理系统之中，加强对文化素质教育通识课任课教师、教育过程、教育内容、教育质量、成绩评定和登记等的监督与指导。重视文化素质教育教学和各项工作的评估，有针对性地制定相关评估标准，如人文素质教育课程考核制度、第二课堂实践活动考核制度、文化竞赛证书制度等，不断提高教育实效。

第三，完善学分制管理办法。科学规划学分结构，在必修、限选及任选学分中规定人文素质类课程的最低学分。同时，完善大学生人文素质评估内容，将文化素质教育活动纳入学生课外学分管理之中，将其在各种文化活动、艺术竞赛、社会实践中所取得的成绩和表现作为人文素质的评价依据，计入相应学分。课外学分措施的实施对学生良好思维方式和行为规范的养成将起到很好的约束和激励作用，并成为动态评价的重要方面。

第四，落实毕业生素质测评工作。测评通过学生自评、班级评价和院系评价相结合的方式，对学生的思想道德素质、科学文化素质、身体心理素质和职业素质进行综合评价，形成评价意见。毕业生素质测评工作既是调研工作的延续，又是对人文素质教育效果的总评，还可为日后的社会反馈提供参照，从而为建立人文素质教育的长效机制奠定基础。

# 第四节 科学素质教育与人文素质教育整合

在知识经济时代，知识的增长速度不断加快，知识的陈旧周期不断缩短，知识转化的速度猛增，学科出现了高度综合的趋势，对大学生的学习能力和获取信息的能力提出了新的要求。大学生在观察、认识和处理问题时，既要保持理性思维的科学态度，又要具备人文情怀的价值眼光。大学生究竟需要发展什么和如何发展成为我国高等教育改革需要关注的一个重要问题。高等教育探索适应新形势下的科学素质教育和人文素质教育的整合势在必行。

## 一、大学生科学素质教育与人文素质教育整合的理论基础

今天的教育是为了解决明天的社会问题。我们所要构建的和谐社会，既是一个高科技日益增长的知识密集型社会，又是一个生活质量全面提高、文化需求全面增长的人文社会。科学教育与人文教育的分裂这一问题必须引起我们的高度关注。

大学生科学素质教育与人文素质教育整合的基础在于以下三个方面。

### （一）教育价值

要把社会发展的需要和个人发展的需要结合起来，要使大学生具有较高的科技文化知识、较高的人文素养和健全的人格，并具有完备的知识结构。科学与人文作为两种不同的文化现象，有着各自独立的价值与功能。科学关

注的是人对物的问题。科学精神追求真，崇尚客观性和求实性，具体表现为以物为尺度，以客观世界为认识对象，竭力排除主体对认识过程的干扰，达到实事求是；人文关注的是人与人和人自身的问题，是主观世界；人文精神追求善和美，具体表现为以人为中心，以人为尺度。离开人文价值的科学价值的追求是在培养不完整的人，同样，在对人文价值的追求中离开科学价值也是跟不上时代步伐的。只有两者相互渗透，才能构成完整意义上的人类价值体系。将人文教育和科学教育结合起来，使大学生既具备科学知识和人文知识，又掌握科学方法和人文方法，这样才能达到追求真理、讲求价值的完美统一。

### （二）教育目标

要把大学生培养成合格接班人，就要使他们成为既有健全人格，又是掌握生产技能的劳动者。因此，要把科学素质教育与人文素质教育整合起来，达到提升人性与提高人力的统一。科学与人文的整合不是两种知识的机械添加与组合，而是一个有机的整体。知识经济时代，知识经济化和经济知识化并存。而经济知识化从某种意义上说就是经济的人文化，它使得知识成为经济增长和发展的主要源泉和资本，从而使人类生产劳动的自由度大大提高。科学技术的高度发展，为人们扩大社会交往和社会联系提供了必要条件，人们将拥有更加充裕的时间和更加丰富的生活内容，因而获得更加全面而自由的发展。但是没有人文精神的引导，科学技术是盲目的。科学素质与人文素质两种教育的同时实行，可以克服教育过于专门化所造成的科学与人文的分裂。大学生既要有科学素养，又要有人文精神；既要有专业知识，又要有健全人格。这是高等教育不可避免的重要工作，落实这项工作能够为我们的社会走向真正意义的现代文明提供可靠保障。

### （三）教育内容

大学生在大学阶段要形成完善的知识结构，提高创新能力，而且要提升人文精神，形成道德责任感和义务感，从而达到真、善、美的统一。科学、人文是同一主体的两种要求，是一体两面的，如果把二者割裂开来，那么人文教育不是真正意义上的人文教育，科学教育也成为一种残缺不全的科学教育。科学素质教育的任务是培养大学生的科学意识和科学素养。科学素质教育要求大学生能够建立科学的概念、掌握科学的方法、培养科学的态度、树立科学的价值观念，并培养其适应现代社会的能力，旨在让大学生了解科学、技术与社会三者之间的相互关系和彼此的影响。大学生人文素质教育不仅要传授大学生人文知识，还要培养其人文精神。人文素质教育的目的主要是引导学生如何做人，如何处理好人与自然、人与社会、人与人的关系，以及如何使大学生的理性、情感、意志等方面的素养得以提高。只有促进科学知识与人文知识融合、科学思维与人文思维功能互补、科学方法与人文方法协调，才能发挥多学科优势，使大学生在认识上跨越科学知识与人文知识的鸿沟，开阔视野，实现全面发展。

## 二、大学生科学素质教育与人文素质教育整合的时代要求

### （一）大学生科学素质教育与人文素质教育整合是构建和谐社会与人全面发展的需要

人的全面发展作为人发展的终极目标和理想状态包含着"人究竟发展什么"和"人如何发展"的问题。科学教育与人文教育对大学生生存能力起着转化的作用。它不是像遗传基因那样直接通过生命有机体来表达物种具备的生存能力，而是通过教育把科学知识和人文知识转化为大学生个人知识结构的一部分，把科学知识和人文知识应用于个人的生存活动，从而达到适应环境和提高生存能力的目的。科学素质教育与人文素质教育要教给大学生的是：从科学求真的角度摆正人在自然中的位置，从伦理明善的方面承担人对自然和社会的责任，从情感审美的层次追求人与自然、人与人、人与社会的和谐。科学素质教育与人文素质教育要教会大学生在观察、认识和处理问题时，既要保持理性思维的科学态度，又要具备人文情怀的价值眼光。要以科学精神和人文精神相统一的态度，消解现代文明带来的尖锐矛盾，使大学生成为构建和谐社会的一支主力军。

### （二）大学生科学教育与人文教育整合是高等教育自身发展的需要

大学的首要功能是人才培养。一方面通过实施比中小学教育更高层次的综合化教育，使得大学生在德、智、体、美、劳等方面全面发展，目前许多高校都开设了通识教育课且效果很好。另一方面通过实施专业教育与分科教

育，使得大学生获得专业知识和专业技能，并成为社会各行各业的高级专门人才。为了缓解高科技发展对人性的扭曲，避免互联网等所引发的人与人交往的疏离化，解决大学生的价值困惑等问题，在科学教育中要融入人文教育。作为人文社会科学方面的专业要成为具有时代感的学问，要融入现代文化的主流，就必须自觉加强对科学技术运用水平最新态势的了解，使得文科学生掌握自然科学和新技术常识。在国际上，不同国家和地区的大学办学理念各不相同，但因为时代的要求而又逐渐趋同，这就是科学教育和人文教育的融合，也是高等教育自身发展的需要。

### （三）大学生科学教育与人文教育整合是知识经济时代的要求

知识经济时代是以智力资源的占有和配置，知识的生产、分配和消费为最重要因素的经济时代，它使得知识尤其是科学知识的占有量成为一个国家国力和国际竞争力强弱与发展潜力大小及速度快慢的首要标志。在这种情形下，知识的选择、整合、转换和操作变得更为重要。科学技术的发展，使人们得到了解放，但要制止科学的异化和技术的滥用，避免科学的误用或恶用而产生的极大的负面影响，就必须建立科学教育与人文教育相结合的教育理念。克服科学思维与人文思维分裂的缺陷，使二者相互协调，从而更好地解决个人和社会问题以及人类面临的许多困境。因此，只有大力发展科学教育和人文教育，加强对大学生人文知识的传授和人文素质的培养，加强对大学生创新知识的传授、创新素质的培养与创新能力的提高，才能培养出适应知识经济时代和我国社会主义现代化建设事业需要的21世纪人才。

## 三、大学生科学素质教育与人文素质教育整合的基本途径

科学教育与人文教育的整合并不是两种教育的简单相加,也不是一个简单的比例关系问题。两者的整合都不应以削弱或牺牲对方为前提,而是在关注二者发展的失衡与分离这一现实的基础上,通过转变教育价值观念、改变教学模式以及合作办学等方式,使大学生的科学素质与人文素质协调发展。

首先,转变教育价值观念是科学素质教育与人文素质教育整合的关键。教育的自身价值与工具价值是对立统一的。教育在人力资源的开发、振兴经济、发展科技等方面具有功利价值;在人伦教化、文化传递、社会整合等方面教育具有非功利价值。教育作为一种社会活动,它和社会发展密切相关。大学生科学素质教育与人文素质教育的分裂,不能简单地归结为教育问题,它还是一个社会问题。由于社会发展导致社会分工的精细化以及由此带来的人才专业化,结果使教育中各门学科课程之间割裂,其深层社会原因是社会生活的区分与隔离。因此教育需要做出相应的调整和改革,通过教育来逐步打破社会生活的区分与隔离,从而缓解科学与人文之间的矛盾。这里,首要和关键的问题就是转变教育价值观念。

其次,改变教学模式是科学素质教育与人文素质教育整合的基本途径。要通过明确培养目标、合理设置专业、科学设置课程等具体的、行之有效的措施来达到二者的整合。人文教育与科学教育相融合的人才培养模式体现在:培养目标上要使大学生成为具有创新精神、创造能力和创业才能的人,要具有完备的知识结构,即要使大学生具有较高的科技文化知识和较高的人

文素养，成为多学科和跨学科的复合型人才；专业设置上，要做到厚基础、宽口径，同时积极适应社会需求的多样性和科学技术发展的需求，孕育新兴专业；在课程设置上，要做到综合化、内容丰富、结构合理，同时还要多展开学术活动、科学实验和社会实践的教学力度。高等教育中教育内容要全面，人文与科学二者不可偏废。学校教育应该注重科学知识与人文知识的统一，可以通过设置人文科学和自然科学相结合的综合性课程，以及试验课、选修课等方式，使大学生成为文理兼通、视野开阔、富有综合创造能力的复合型人才。

最后，合作办学是科学素质教育与人文素质教育整合的有效途径。各高校有着自己的文化和历史积淀，又有着自身办学理念和办学模式的特点和优势。合作办学正是借用这种差异性和多元化办学传统，既可以开设双学位班、互聘教师以及共同开展教学改革，还可以做到硬件和软件互补。合作办学，开放办学，兼容并蓄、博采众长，走出去和引进来的开放办学理念，积极稳妥地促进了高等教育国际化进程，而且知名度和影响力也在日益提高。在一些高校林立的城市，尤其是在一些大的省会城市，这种办学模式会起到非常有效的作用。通过合作办学，各学校之间在教学资源配置上充分形成优势互补，在理、工、文等各学科之间搭建知识平台，使学生在相互选课中体会到科学精神和人文精神的融合与互动，由此各类资源的利用率也得到了提高，更重要的是为学生的全面发展提供了一个有利的知识空间。

# 第三章 人文素质教育的原则、途径和方法

如何按照人文素质教育的目标，培养出具有人文精神和一定人文素养的现代化人才，需要进入实践操作的层面，而操作首先要弄清基本的准则框架。本章探讨人文素质教育的原则、途径和方法。

## 第一节 人文素质教育的原则

人文素质教育的原则就是大学生人文素质教育活动必须遵循的基本准则。它不仅在宏观上指导着大学生的人文素质教育活动，而且在微观上规范和调节着大学生人文素质教育活动的各个方面和环节。

### 一、科学性与方向性相统一

科学性与方向性相统一原则是指人文素质教育活动既要体现科学性，又要坚持方向性，把科学性与方向性统一于人文素质教育活动中。

所谓科学性，就是指大学生人文素质教育活动所蕴含的规律性、真理性的内容要求得到了遵循和满足，主要包括人文素质教育内容的客观现实性、教育规格以及教育方式方法的合理性。而方向性则主要强调人文素质教育的

价值指向性，应该是合乎社会发展大趋势、主流意识形态及文化，并能对人们的行为产生导向作用。

从历史和现实来看，方向性要求较为容易得到贯彻，任何阶级无不从各自的政治目的出发，通过教育活动向学生施加自己的政治思想、价值观念和道德影响。孔子就主张："君子博学于文，约之以礼，亦可以弗畔矣夫。"[①]宋朝周敦颐提出"文以载道"[②]。同样，在当代中国，对大学生进行人文素质教育的目的就是通过提高大学生的人文素养、人本精神，使之具备适应当代社会发展的思想和政治品质。其中，核心目标就是增强大学生的主流价值意识和政治敏锐力，即坚定走中国特色社会主义道路的信心，树立实现中华民族伟大复兴的崇高理想信念等。相对而言，科学性要求不易达成。

大学生人文素质教育坚持科学性与方向性相统一，具有较强的客观必然性和现实意义。其一，唯此才能保证与社会主义高等院校培养目标的一致性。高校不仅要培养适应现代社会、能求得生存和发展的人，更要培养社会主义现代化事业的合格建设者和可靠接班人。只有这样，大学才能不辱使命，社会主义现代化事业才会后继有人。其二，科学性与方向性的统一，有利于优化人文素质教育的效果。坚持统一的方向可以坚定信心、激励斗志，使人文素质教育活动有着精神动力支撑；坚持科学性可以保证教育活动的有效开展，人文素质的有效提升。忽视任何一方面都会使人文素质教育目标的实现大打折扣，甚至使教育活动出现负面效果。

---

① 出自《论语》。
② 谭松林，尹红：《周敦颐集》，岳麓书社2002年版。

特别是在当今社会条件下,由于市场经济大潮的冲击,部分大学生的人文精神淡漠了,人文意识弱化了,个人主义、享乐主义、拜金主义大有蔓延之势,故此,大学生人文素质教育更需要坚持科学性和方向性的统一。因为人文素质教育不同于科学教育,其主旨是通过人文学科的知识传授和精神引导,为大学生解决人生困惑并寻求信仰的支撑。所以,人文素质教育不能仅限于知识传授,更重要的是对学生世界观、人生观、价值观的塑造。它面对的是人的精神世界,要构筑人的灵魂家园,故既要贯彻方向性,使全体师生认识到人文素质教育的价值指向,并在教育互动中不断调整,又要讲求科学性,将内容的真理性与方法的灵活性有机地结合起来,努力探寻社会目标和个人目标融汇一致的契合点,努力使人文知识、人文精神有机地渗透到大学生生活的方方面面,做到教育的有效接受,达到殊途同归的效果。

## 二、理论与实际相联系

理论与实际相联系,是唯物辩证法的基本要求,是指导人类认识或学习活动的普遍规律之一,也是任何教育教学活动必须遵循的普适原则。古今中外不少教育家都对理论联系实际做过深入探讨。中国古代荀况就提出:"知之不若行之,学至于行之而止矣。行之,明也。""知之而不行,虽敦必困。"[1]

大学生人文素质教育坚持理论与实际相联系,包括两层含义:一是在人文素质教育中,教师把基础理论与现实生活实际联系起来,把教育普遍规律与学校人才培养目标、课程体系、师资状况、学生来源和特点结合起来,因地制宜地制定符合自身实际的人文素质教育方案,使学生真正理解和掌握基

---

[1] 出自《荀子》。

本理论。二是在实践教学环节，特别是在大学生的人文素质教育实践中，要坚持发挥理论知识的主导作用，因为理论知识反映了自然界、社会和人类思维发展的最普遍规律，对实践具有广泛的适应性和指导作用。理论联系实际体现着理论和实际的相互关系，理论教学与实践活动协调统一，互相补充、互相促进，既要通过联系实际掌握理论，又要把理论应用到实际中去，这是大学生人文素质教育取得成效的根本途径。

一切真知均来源于实践。作为大学生人文素质教育主要内容的人文社会科学知识是对社会实践经验所做的高度概括和提炼，对大学生而言，属于间接经验。对于这种抽象的理论知识，高校教师如果不考虑大学生的实际情况，不联系社会现实生活，不但会使学生感受不到理论知识的亲和力和真实感，还会使学生产生"厌烦"心理。因此，抽象的理论需和具体的实际有机结合，通过实践教学弥补大学生在一定程度上直接经验的不足，使学生自然、自觉地吸收抽象的人文社会科学知识。另外，理论学习和实践教育，是培养当代大学生人文知识和道德素养的两个重要组成部分。人文素养、人本精神的培育总是通过一定理论知识影响人的思想而起作用的，先进的、科学的理论不去武装大学生的头脑，落后的、愚昧的思想就会去占据大学生的头脑。因此，坚持理论教育，向大学生系统讲授人文社会科学等方面的知识，有利于提高大学生的认知水平和理论思维能力。人文素质教育除了理论讲授，还要注重实践体验，强调知行统一，这也是理论联系实际的一个重要方面。通过组织大学生参与人文素质教育实践活动，引导大学生接触社会、深入生活，通过参与实践活动来正确认识和解决现实生活中出现的各种问题，从而提高分析问题和解决问题的能力。实践证明，无论是忽视理论教育还是忽视实践训练都是不可取的。

如何坚持理论联系实际？第一，要联系实际指导大学生人文素质教育中各种理论的形成、发展过程。所谓理论，是从实践中来又经过实践检验的认识，是人脑对客观事物及其规律的正确反映并按其内在逻辑组成的一定体系。科学理论能够揭示社会发展的规律，预见未来，帮助人们把握社会发展的方向和历史进程，能够提供正确认识事物和解决事物的方法。因此，高校教师讲授这些理论时，要综合运用多种方式引导学生确切了解理论的形成、发展过程，同时用于论证理论的材料必须真实、准确，具有典型意义，还要有说服力，这样学生理解起来就不会那么枯燥、晦涩、难懂。第二，要联系当代大学生的具体实际。根据大学生的实际情况有针对性地进行人文素质教育，也就是因材施教的方法。由于西方社会思潮的冲击，一些大学生不同程度地存在政治信仰迷茫、理想信念模糊、价值取向扭曲、诚信意识淡薄、社会责任感缺乏、艰苦奋斗精神淡化、团结协作观念较差、心理素质欠佳等问题。因此，教师首先要了解学生的这些思想实际，精心准备和运用相应的教学内容、教学手段、表达方式开展人文素质教育，以培育学生的人文素养和精神品质等。另外，联系实际还要了解学生的个体差异、生活状况、专业背景、知识能力等等。只有联系当代大学生的具体实际，才能最大限度地保证教育的实效性。第三，要联系高校教师的实际。人文素质教育的实效如何，主要取决于教师。如果教师仅仅局限于把理论讲清，把内容讲完，只能使学生理解、明白，未必能使学生有效接受。人文知识、人文精神要做到被大学生心甘情愿地接受，教师必须在"情"和"理"上下功夫。教师自身要明理，掌握真理、信仰真理，同时，对教学要有真实的情感投入。人文素质教育要引导大学生树立正确的世界观、价值观、道德观，提高大学生的人文素养和人本精神，是直接以育人为目的的活动。教师面对的是有血有肉、有思想、有情感的大学生，如果教师自身没有饱满的情绪和真挚的情感，学生是很难受到感染，而产生内在需要。如果教师能乐于现身说法，用自己的亲身经历、心路历程例证某些理论，则会对学生产生很大的感染力和说服力。

## 三、专业教学与人文素质教育相融合

专业教学与人文素质教育相融合，就是在专业教学过程中，使学生掌握一定的专业知识和专业技能的同时，对学生进行人文素质教育，提高学生的文化品位、审美情趣、人文素养及人本精神。专业教学与人文素质教育不是平行推进的，也不是有先有后、分层次进行的，而是有机地融合在一起的。如果教师仅仅单纯地进行专业教学，就不能有效地解决学生的思想困惑、道德困境、做人问题，也就不能提高学生的道德觉悟、人文素养。对于高校教师教书育人职责来说，这样的教学不能算是成功的教学。在专业教学和人文素质教育之间考量，人文素质教育也应是"重点戏"，专业教学的落脚点是为培养大学生适应社会、造福人类的能力服务，教师应以专业教学为载体对学生进行人文精神的培育，把专业知识转化为学生的理论武器和认识能力。

人文素质教育要遵循人的思想发展规律，融合到各种专业教学内容和方式中，以循序渐进和潜移默化的状态进行。将大学生人文素质教育融合、渗透到专业教学中去具有重要意义。其一，可以形成教育合力，产生新的综合性、具有感人气息的教育力量。这种教育合力，可以产生一种"整体大于局部之和"的综合功能效应，人文素质教育融入专业教学中，就等于高校专任教师都参与到人文素质教育工作中，正像恩格斯所言的"许多人的协作，许多力量结合为一个总的力量"，用马克思的话来说，就是造成"新的力量"，这种力量和它的一个个力量的总和有本质的差别；其二，可以产生"春风化雨，点滴入土"的效果，促进大学生思想发展的良性循环。人的思想都是在知、情、信、意、行五个要素的反复循环中形成发展的，高校人文素质教育实际就是促进大学生思想的良性循环发展，通过与专业教学相融合，能让大学生在不知不觉中受到教育，在自然熏陶下得到提高，因而可以达到理想的教育效果。

在大学生人文素质教育过程中，如何坚持专业教学与人文素质教育相融合呢？第一，要协调好专业教学与人文素质教育的关系，形成合理的系统教育结构。能否坚持专业教学与人文素质教育有机融合，关键在于教师。因为人文素质教育相对于专业知识而言，有其自身的特点。专业知识教育仅仅是让学生了解、知道所传授的内容，而人文素质教育涉及的是学生的思想境界、内心世界，通过影响学生心灵，促使其思想转变，心灵净化，境界提升。因此，每一位专业教师都应当明确专业教学并不仅仅是传授知识，还包括育人层面，要提高学生的思想觉悟、精神品质和人本精神。第二，专业教学要紧密联系学生的思想认识问题。随着市场经济的深入发展，我国社会经济成分、组织形式、就业方式、利益关系和分配方式日益多样化，大学生思想活动的独立性、选择性、多变性和差异性日益增强。高等学校各门课程都具有育人功能，所有教师都负有育人职责。教师在教学中要注意观察学生的课堂反应，紧密围绕大学生普遍关心的重大问题以及个别学生的思想认识问题，做好释疑解惑和教育引导工作。这类问题尽可能地在课堂上及时解决，容易达到事半功倍的效果。第三，在人文素质教育中，要批判分析西方文化思潮和价值观念。伴随着全球化浪潮和互联网的迅速发展，西方思潮和价值观念对大学生的冲击难以避免，大学生价值观念呈现多元化发展趋势，人文素养、人本精神呈弱化趋势。因此，高校教师在课堂教学中，要严肃认真地对待西方思潮和价值观念，进行客观的分析批判，从正面晓之以理，动之以情，有效地提高学生自觉抵制错误理论观点和错误价值观念的影响的能力，同时提高大学生分析批判社会思潮的能力。

## 四、教育与自我教育相呼应

教育是指在人文素质教育中，教师通过一定教学内容影响大学生，力图使大学生接受教学内容所承载的思想观念、道德品质、人文精神，并内化为自身的品德意识的过程。自我教育就是自己教育自己，自觉地进行自我剖析、自我管理，主动地接受正确的价值观念，形成良好的行为习惯的过程。教育和自我教育相呼应体现在人文素质教育过程中就是价值引导和自我构建相统一。人文素质教育的关键在于培养教育对象的自我教育意识、自我教育习惯，使其在价值多元化的开放社会中依据教育者所传递的主导价值观进行自我选择和自主构建,并对自己的选择切实地承担相应的社会责任。

坚持教育和自我教育相呼应,符合内化与外化辩证统一的教育教学规律。大学生人文素质教育的过程实际上是一种内化与外化辩证统一的过程,因此,要增强人文素质教育的实效,教育者在教育实践中必须遵循内化外化规律,实现内化与外化的辩证统一。一方面,教育者要积极引导和帮助大学生接受人文素质教育内容所承载的思想观点、价值观念和人本精神,并转化为自己的个体意识,自觉地将这些元素作为自己的价值准则和行为依据,从而为外化过程奠定坚实的基础。另一方面,教育者还要善于引导学生的外化过程,促进学生将个体意识转化为良好的行为习惯,产生良好的行为结果,这就是外化过程。内化与外化是辩证统一的。内化是外化的基础和前提,外化是内化的目的和归宿。高校人文素质教育如果要顺利地实现学生的内化和外化,离不开教育者的积极影响、悉心指导,更离不开学生主观能动作用的发挥,也就是说既离不开教育,也离不开自我教育,要求坚持教育与自我教育相结合。在人文素质教育实践活动中,教育者的作用是提供一个良好的外部条件,把教育内容所承载的精神实质通过恰当的方式传授给学生。学生的自我教育意识和自我教育能力,需要在教育者的影响下形成和发展。教育者提供自我教育的起点和动力,决定着自我教育的氛围和导向。自我教育是衡量人文素质教育是否有效的一个标志,又是人文素质教育最终落实的归宿。现代社会,自我教育之所以重要,与社会的开放性,价值取向的多元化,思想活动的独立性、选择性的多元有很大的关系，这些都增强了大学生的主体性，对自教自律提出了更高的要求。

坚持教育与自我教育相呼应，要做到以下几点：第一，要充分发挥教育者的主导作用。要防止和反对人文精神培育的"自发论"。开放、多元的现代社会对高校教师提出了更高的要求，教师要充分意识到自身的责任与使命，以身作则，率先垂范，增强自身的人格魅力，以帮助塑造学生的理想人格。第二，要善于启发、提高受教育者的自觉性和自我反思能力。受教育者的认识活动是一种自觉、能动的思维活动。在人文素质教育实践中，教育者如果重视启发人们的自我意识，重视培养人们积极思维的自觉性，受教育者就能在自觉的基础上增强自我教育能力。孔子曰：学而不思则罔。讲授给学生的人文社会科学知识没有经过学生的思考，就不能被学生真正掌握和接受。学了新理论、新知识，却不会运用理论思考，不能用来解决自身的实际问题，这种理论、知识就没有转化成相应的能力，也就毫无意义。因此，教师在人文素质教育中必须避免进入那种以为灌输得越多，效果就越好的误区，应该多给学生独立思考、表达个人见解的机会和时间，以最大限度地增强学生的自我教育能力和面对复杂社会的应对能力。第三，要充分发挥学生的集体自我教育的作用。集体自我教育是同龄群体通过互相影响、互相启发、互相学习而实现互相教育。集体自我教育的积极作用不容忽视。大学生的主体意识较强，对于教师关于人文精神方面的教诲可能会有"抵触"心理和"逆反"情绪，而同学之间，由于年龄相仿、背景相似、兴趣相同，容易沟通并达到共鸣。高校应充分利用有利条件，开展丰富多彩的第二、第三课堂活动，在活动中激发大学生集体自我教育的需要，并以同学之间良好的情感、情绪为保障，把人文素质教育转化成当代大学生的一种生存方式和自我发展的内在需要。

## 第二节　人文素质教育的途径

要实现大学生人文素质教育的目标，达到人文素质教育的要求，就必须明确人文素质教育的途径。人文素质教育的途径是对教育平台、空间、载体的选择和整合。近几年，一些研究高等教育的专家学者提出了"四个课堂"的概念，将传统上以教室为教学阵地的课堂统称为"第一课堂"，以校内课堂外的空间称为"第二课堂"，校外的学习实践阵地称为"第三课堂"，虚拟网络平台称为"第四课堂"。这"四个课堂"的教育功能在高校是客观存在的，也是对大学生人文素质教育来说不可或缺的重要平台、空间和载体。要科学地、系统地对大学生进行人文素质教育，必须坚持整合"四个课堂"的理念，树立"四个课堂"一盘棋的思想，发挥"四个课堂"彼此互补、合作、协同教育的功能。

### 一、第一课堂：人格综合塑造

第一课堂是传道授业解惑的主阵地，也是人文素质教育的主阵地。专业教育的任务主要是"授业"，是学习一种"术"，而人文素质教育主要是"传道",是学习"道",强调做人与做事的统一,属于精神层面,重点是使学生精神独立,对学生进行人格综合塑造。人文素质教育必须充分发挥第一课堂的基础和核心作用。

## (一)突出人本精神的通识教育

就性质而言,通识教育是高等教育的组成部分,是所有大学生都应该接受的非专业性教育;就其目的而言,通识教育旨在培养积极参与社会生活、有社会责任感、全面发展的社会的人和国家的公民;就其内容而言,通识教育是一种广泛的、非专业性的、非功利性的基本知识、基本技能和基本态度的教育。

通识教育与人文素质教育虽然有一定的区别,但是本质上是相通的,两者最终的目的都是人的全面发展。通识教育的目的不在于提高学生的专业知识和技能,而是让学生学会做人。

通识教育的重要性,其一在于通识教育对完善大学生的智能结构、提高他们的审美情趣、加强他们的创造性和适应性、促进他们的和谐发展有着重要意义。和专业教育相比,通识教育传授的是更为基础和普遍的知识,从而是一种更为重要的知识。通识教育不仅关心如何做事,还关心如何做人、如何生活。20世纪70年代,哈佛大学通识教育改革的设计者罗索夫斯基认为:"通识教育的好处可能会随着年龄的增加、身心的成熟、世事的洞察和生活的经验而越发显著。最重要的是,通识教育是专业学术能力在其最高层次的实施中所不可或缺的。"[1]其二在于通识教育追求人全面发展的教育本然价值。

---

[1] 亨利·罗索夫斯基:《美国校园文化——学生·教授·管理》,谢宗仙译,山东人民出版社1996年版。

作为一种教育理念，通识教育起源于亚里士多德提出的自由教育——强调发展人的理性、心智以探究真理。作为对时代和社会变迁的一种反映，尽管通识教育的名称和内涵会随着时代和社会的变迁有所变化，但不变的是它对教育本然价值的追求，这个价值就是人的全面发展——强调把受教育者作为一个主体的、完整的人而施以全面的教育，使受教育者得到自由和谐的发展。其三在于通识教育对培养创新型人才有十分重要的作用。通识教育的目的不在于教给学生多少具体的知识，而是教会学生学习方法、思维方式，让他们学会怎么去自主学习，怎么进行独立思考。通识教育的任务就是让学生通过学术的熏陶，养成科学和文明的精神，从而具备理性的力量，因而最终能够摆脱监护而获取独立、自由的精神走向社会。通识教育的目标是培养完整的人，即具备远大眼光、通融识见、博雅精神和健康情感的人，而不仅仅是某一专业领域的"专精型"人才。其四在于通识教育可以拓宽视野。在通识教育模式下，学生通过融会贯通的学习方式，综合、全面地了解人类知识的总体状况。学生在拥有基本知识和教育经验的基础上理性地选择或形成自己的专业方向，同时发展全面的人格素质，以提升个人的生命价值及生活品质。

通识教育的有效载体是通识课程，因此，一个完善的通识教育体制还应包括合理的通识课程设置。通识课程除了应该按照教育主管部门的要求开设好思想政治理论课、英语、体育、计算机等必修课程外，还应设置包含人文知识、自然科学知识、社会科学知识三个方面的选修课程。虽然通识课程涉及的知识面已经远远超过了人文知识的范畴，但是其最大的优点就是通过广博的、多领域的知识传授来开阔学生的视野,从而提升学生的人文素质。要发挥第一课堂的作用就必须本着加强学生全面素质、创新能力、个性发展的培养原则,构建一个科学的通识课程体系。

从当前高等教育的现状来看,通识课程至少应包含以下八个系列。

文学、艺术教育:文学、艺术教育含中外文学经典赏析、艺术欣赏、美学概论、影视欣赏等课程。其主要在于发挥文学、艺术得天独厚的人文优势和美育功能,从作品中体现的人格精神、深挚情感和形象意境等方面陶冶学生情操,铸造学生品格,开发形象思维,进而培养学生的创新意识和人文精神。

历史、哲学教育:历史、哲学教育含中外简明史、中西方哲学史、马克思主义哲学等课程。主要在于培养学生洞察社会,认识事物规律和本质的能力,进而培养学生科学的思维方式和求真务实的探索精神。

心理、健康教育:心理、健康教育含心理学概论、青年心理学、创造心理学、大学生健康教育等课程。它主要在于培养学生良好的心态和健康的心理,引导学生探索新知、勇于质疑的创新思维,努力培养学生的创新人格。

科学、技术教育:科学、技术教育含科技发展概论、现代媒体与传播、信息采集与发布等课程。主要在于加强学生对科学技术工具性价值的理解与把握,弘扬科学精神,提高大学生的科学素养和科学探究精神。

社会、文化教育:社会、文化教育含社会学、中外文化概论、中国传统文化、东西方文化比较等课程。主要是在于加强大学生对社会关系、社会行为、文化发展、文化功能的认知和理解,培养学生的社会责任感、文化归属感。

管理、法律教育：管理、法律教育含管理学概论、法律基础等课程。主要在于让学生掌握必要的管理学知识和法律知识，培养现代管理理念和民主法治意识，以更好地适应经济社会发展和个人可持续发展的需要。

语言教育：语言教育含演讲与口才、社交礼仪等课程。主要以书面语言和口头语言的综合应用为训练核心，着重培养大学生在做人与做事等方面的技能与技巧。

综合教育：综合教育含职业规划等课程。主要对大学生的学习和生活给予理论上的指导和实践上的探索。

## （二）蕴含人文气息的专业教育

在专业课教学中渗透人文精神，并不是要求专业课教师必须讲授人文知识，而是指向学生介绍学科的发展历史及前辈为之奋斗的科学精神，多鼓励学生思考，培养学生的科学精神和创新意识，并乐于把人生观、价值观、思维方法、思想作风、治学态度传授给学生。

目前，我国大学教育仍然以专业教育为主，通过专业训练，养成专业素质，其主体是科学知识和科学文化的教育。因此，实施人文素质教育的关键和支撑点就在于挖掘专业本身所蕴含的人文精神，教会学生正确做人、做事以及做学问。教育必须以科学教育为基础，同时又必须以人文精神为价值导向。科学只有与人文结合，并接受人文的价值导向，才能真正服务于人类，而人文精神与专业教育的结合，可以达到实事求是、勇于创造的科学精神和为国家富强、人民富裕而奋斗的献身精神的统一。

1. 寻找专业教育与人文精神培养间的"视界融合"点

这里的"视界融合",是指任何学科思想的发展都不是封闭、孤立的,而是在实践中进行交流的,进而形成新的理解。科学与人文虽然有各自的内涵,但在精神这个最高层面上,两者是统一、融合的,都是对人的灵魂的教育,而非理智和知识的简单堆积,"化性为德"是它们共同的终极目标。所以,把专业教育的某一具体内容理性地进行抽象式的"问题化"设计和分解,使之具备人文精神方面的创造性、分析性、思辨性和批判性等特质,就是专业教育与人文精神培养相融合,同时又能与学生达成主体理解的"视界融合"点。

2. 探索在专业教学中渗透人文教育内容的方式

在专业课教学中渗透人文精神,并无明确的、一成不变的做法,不同的课程可以有不同的组织结构和传授重点、不同的传授视角与传授方式。重点可以通过以下几点来实现:

第一,通过科学哲学教育帮助学生树立辩证唯物主义的基本观点和正确的发展观、价值观、自然观等,注意把各学科的内容融入对科学知识的理解、形成和应用的过程之中,为学生提供一个认识科学的辩证发展背景,以利于学生透过对科学知识的学习,学会用辩证统一和联系发展的观点研究科学的基本问题。同时,在教学中,教师还要引导学生将科学与人类、自然、能源、环境等紧密联系起来加以综合研究,使学生学习和掌握认识科学、认识自然的基本方法,养成关心人类、保护自然的行为习惯,树立正确的自然观。

第二,将相关专业的科学方法论和科技发展史纳入该专业课的范围,培养学生思考问题的方法。科技发展史可以使学生领悟到科学活动是活生生的人的活动,科学的理论和知识是由人所创造的,不仅是人智力的结晶,还是情感和意志的产物,凝聚了科学工作者的理想与追求,也是他们崇高品质的体现。此外,每个专业领域都有自己的研究方法,将知识、方法及其发展历史结合起来,建立综合性的课程结构,确定共同的学术目标,可以将科学与社会、知识与责任、专业与历史联系起来,给学生更加广阔的视野,促使大学生对人类发展进程中起过重大作用的科学事件和思想从学科起源、本质、发展及其社会应用价值和由此产生的伦理和社会问题的角度进行思考。

第三,加强对科学精神和科学道德的培养。爱因斯坦在纪念居里夫人时说过:"第一流人物对于时代和历史进程的意义在其道德品质方面,也许比单纯是才智成就方面还要大。"[1]在专业课程内容教学中,通过介绍学科发展中优秀科学家献身真理的感人事迹,以激发学生产生崇高的正义感与社会责任感;介绍学科中与当前国计民生密切关联的知识,以激发学生献身于造福人类与社会的热情……所有这些在帮助学生掌握人文知识、培养人文素养方面都起到了很好的作用。同时,可以穿插一些科学故事,向学生揭示自然奥秘是如何被揭开的,从提出问题到解决问题,中间经历了什么磨难等等,都会极大地鼓励学生从事科学研究的热情,帮助他们树立高尚的科学道德,掌握一定的科学道德规范,树立对国家、社会的责任感、正义感和荣誉感,有利于学生加强良好的科学伦理意识。

---

[1] 爱因斯坦:《悼念玛丽·居里》,《科学启蒙》,2004年第2期,第31页。

第四，提高专业教师的人文素养。由于施教者是教师，首先应当要求专业教师具有较高的人文素养，认识在自己所从事的专业领域里充满着人文因素，并能潜移默化地在自己的教学中用这种人文精神感染和熏陶学生。为此，应该鼓励专业教师通过多种途径来提高自身的人文素养，尽可能多读一些古今中外的文、史、哲、艺等方面的名著，寻找科学中本身就蕴含着的深刻的人文精神，想得更"大"些、更"广"些、更"深"些，并贯穿在教学中。

## （三）外化行为模式的实验实训体系

实验实训是实验教学和实训教学的统称。实验是为了解决社会和自然问题，而在对应的科学研究中用来检验某种新的假说、假设、原理、理论，或者验证某种已经存在的假说、假设、原理、理论而进行的明确、具体、可操作、有数据、有算法、有责任的技术操作行为。实训则是专业技能实际训练的简称，是指在学校能控制的状态下，按照人才培养的规律与目标，对学生进行专业技术应用能力训练的教学过程。

实验实训是高等教育重要的培养途径。在人文素质教育中，实验实训也发挥着重要的作用，是整个人文素质教育教学过程中理论联系实际，培养学生实践能力的重要环节之一。

其实，实验实训中蕴含着丰富的人文素质教育内容。

其一，通过实验实训树立人与自然协调统一的观念。现代科学自然观是整体论和有机论的统一，它坚持人与自然的相互限定、相互依赖和相互包容，坚持人与自然的密切联系，它们是内在统一、不可分离的。如果通过实验实训将科学主义和人文主义有机联系，这必将有助于人与自然和谐统一的观念的形成。通过实验实训，掌握大自然规律，达到人与自然和谐相处。通过物质组成、结构、功能、运动、规律的教学，使学生意识到"世界是物质的、物质是运动的、运动是有规律"等辩证唯物主义观点。

其二，通过实验实训了解人与社会的关系。科学包括基础科学、技术科学和应用科学，它们具有内在的联系，有许多实践领域能用科学知识和价值观分析一些社会问题，如人口、能源资源、生态环境问题，并做出正确的决策。

其三，通过实验实训学会正确处理人与人之间的关系。实验实训中有许多涉及接触自然、了解社会、培养团结协作精神以及社会活动能力的内容和环节，在收集处理信息、获取新知识以及分析解决问题的过程中，必然要与人合作交往，创设良好的人际氛围，只有这样，才能收到较好的教学效果。

其四，通过实验实训加强对学生的爱国主义、辩证唯物主义的教育和培养。通过实验实训可以帮助学生了解中国在自然科学方面取得的伟大成就，从而激发学生的爱国主义精神，激励他们献身科学，立志为国争光。在实验教学中所体现出来的科学态度、唯物史观、合作精神、遵守纪律、爱护公物、环保意识等等，都是典型而又实际的德育。如果教师因势利导，通过实验做相应的思想教育工作，不仅可以激发学生爱国、爱科学的热情，而且有助于学生树立攀登科学高峰、振兴中华的远大志向。因此，教师在实验教学中，应注意结合自己所教学科的特点，发掘具有内在思想教育的题材，以提高学生的整体素质。

其五，通过实验实训培养学生的科学精神。做实验可以引导学生探索科学知识，学会相关技能，掌握科学的学习方法。由于教学上的实验往往就是教材上的难点内容，因此，通过实验帮助学生突破难点，将感性认识上升为理性知识。在做实验的过程中，学生能养成实事求是的学习态度、一丝不苟的工作精神及良好的生活习惯，从而提高综合素质。通过对观察、分类、归纳、科学实验、科学调查等的介绍，引导学生培养参与意识，积极探讨现实问题，让学生了解科学研究工作是如何进行的，科学成果是如何获得的，科技工作者是如何建立自己的价值观、世界观、知识观的，从而培养学生的科学态度、科学精神。

因此，应该着力构建蕴含人文精神的实验实训体系。

其一，在实验实训目的上要注入人文素质教育元素。当前，在科学教育中普遍存在忽视人文素质教育的现象，重教育的知识性、轻教育的人文性；重教师主导、轻学生主体；重科学程序、轻灵活变通；重理论知识的传播、轻情感经验的积累；重理智控制、轻情感沟通等等，这势必难以达到良好的教学效果。因此，要加强人文素质教育，首先就要确立正确的教学目标，充分发挥科学的特点及其多元价值，重视学生知识、技能、心理、文化、审美等方面的差异，明确人文素质教育目标，加强教学过程中的人文环境意识，使科学教育与人文素质教育有机融合。

其二，在实验实训内容上挖掘人文因素。实验实训内容不仅是一个科学知识的逻辑体系，而且更重要的是通过知识反映出它包含的科学思想方法，反映其文化价值，充分挖掘自然科学的人文因素，创设情境诱发学生的学习兴趣，激发学生的灵感，尽可能地结合教学内容开展艺术、审美教育，注意教给学生学习中华民族优秀文化、汲取民族精神的方法，培养学生的竞争意识、合作精神和坚强毅力。通过挖掘人文因素，学生能够学到坚定的科学信仰、实事求是的科学精神与严谨、严密、严肃的科学态度。

其三，在实验实训中强化人文环境建设。要将人文精神的培养落到实处，必须高度突出实践的教学环节，创设民主、开放、活泼的情境，保证学生自探、自求、自创的时间，体现学生学习的主动性、灵活性、创造性，实现教学的民主性、启发性、多样性。为此，在教学过程中应努力做好教师与学生、学生与学生之间的交流与沟通，大胆地把信息技术和心理科学的成果应用于教学的改革实践，根据实验实训教学特点和人才成长的需要，建立活动式、参与式、发现式、探索式、创造式的人文素质实验实训体系，引导学生独立思考、敢于争辩、勇于探索和实践，使学生的科学知识、技能素质和人文素质得到自由、充分、和谐的发展。

其四，不断改进实验实训方法，注意体现出科学的人文价值。在实验实训过程中引导学生体验人类追求真善美的精神，去感受生命的意义和生活的真谛。在实验实训中的求"真"教育，主要体现为科学精神的培养和求真方法的教育，具体表现为科学探索的热情、勇气，相互合作的精神和献身于探索真理和捍卫真理的精神，掌握探索真理的方法、技能，培养学生的创造性。求"善"教育主要是指通过对学生的道德认识、道德情感和道德能力及道德责任感的培养，使学生自觉地养成善待生命、善待自然、善待科学、善待技术的世界观和方法论，用人文精神中的"善"去抵御科学发展带来的"恶"，用"可持续发展"的理念去追求人与自然的和谐共处、协调发展。在实验实训中,教师还应注意"美"的教育,一方面教师应善于从纷繁复杂的科学理论中去发掘、提炼出简洁、整齐、对称、有序的科学美,对学生进行审美教育。另一方面,应让学生明确美与真的联系,美可以服务于真,形式美可以成为科学家的一种直观判断,有助于科学的发现,且良好的审美能力可以促进科学创造。

实验实训的着眼点和落脚点已不是知识、理论本身,而是营造了一种现实的场景、单纯的氛围,帮助学生理解、感受和领悟,通过观摩、对比、分析、思考、评估,使之做出适宜的行为选择,并在多次重复中得到固化,逐步成为思维范式和行为习惯。

## 二、第二课堂:校园文化洗礼

第二课堂是第一课堂的补充和延伸,主要体现为师生共同设计参与的校园文化活动,以及营造的特定文化氛围和精神环境。一所现代化的大学,必须有很高的文化品位,构筑一个富有活力的高尚的文化环境,形成一个朝气蓬勃的浓厚的学术氛围,充满求真的科学精神与求善的人文精神,教育人、启迪人、感染人、熏陶人、引导人,"和而不同",充分调动人的主体的自觉性与积极性,滋养着优秀人才的成长。因此,良好的校园文化,可以发挥环境氛围对于人的潜移默化的洗礼作用,同时展示独特的人文精神。具体表现为以下方面。

1. 物质文化。

物质文化形态是校园文化氛围的外在标志,是育人的物质基础。校园里的建筑布局、绿化卫生、创意雕塑与人文景观的设置,构成了校园的物质文化形态,这是校园形象和精神风貌的物质依托,它所蕴含的"精、气、神"体现了一个学校的文化内涵,对于增强凝聚力、陶冶情操、享受美感、塑造心灵、升华精神起着极其重要的作用。大学生每天都生活在校园中,环境的变化与他们的切身利益息息相关。要利用好校园的绿化、美化,使校园环境的主题充满人文教育的文化品位,为人文素质教育服务。

2. 媒体文化。

媒体文化形态是校园文化氛围的直接体现。它包括校报、校刊、广播、电视、画廊、黑板报、宣传标语以及校歌、校训等等。发挥大众传媒信息量大、覆盖面广、影响力强的优势,对学生产生直接而深远的影响,有利于提高学生的道德水平和思想境界。各种格言警句醒目地挂放在广场、花园、草坪、教室中,每个局部环境都与整体人文环境相映衬,内容与形式协调一致、美观大方、富于艺术感,洋溢着文明、健康、奋进、向上的氛围,对学生产生有效的浸润、熏陶作用。

3. 文化活动。

文化活动形态是校园文化氛围的内在表现。它是通过各类的演出、竞赛、讲座、沙龙等形式,让学生发挥自己的特长,发展自己的个性,不断增强自信,勇于创新,勇于竞争,经受挫折和磨炼,不断优化自己的心理素质,从而促使自己综合发展、全面提高。加拿大阿尔伯塔大学名誉校长罗德里克·弗雷泽博士曾35次来到中国,针对目前中国将创新人才的培养列为国家战略,他主张,大学要关注学生的全面发展,除了知识、娱乐、体育,课外活动也非常重要,它们对大学生的人文素质培养将起到辐射、带动、诱导的作用。

4. 精神文化。

精神文化形态是校园文化氛围的灵魂所在,也就是常说的"大学精神"。它主要体现在各种校园活动中学生所表现出来的特有的风格,涉及学生理想的追求、观念的转变、道德的修养、人格的塑造、行为的自律、心理的优化、纪律的约束等各个方面,从而成为激励学生向上的精神力量。虽然不像学科课程组织得那么严密,但它时时处处都在影响着学生,不知不觉地渗透在学生的意识中,促使他们"精神成人"。当前的大学教育应该创造充满精神文化的氛围,通过开学典礼、毕业典礼、校史教育、校园电子地图等具有特殊教育意义的形式,让学生由知校而爱校、由爱校而誉校,由此不断丰富校园的人文内涵,对学生进行"人文洗礼"。

为配合人文素质教育,校园文化氛围的营造可以从以下几个方面入手:一是开展广泛的读书活动,督促学生"读好书、精读书、会评书",学校依据学生年级和专业的不同来推荐人文学科阅读书目,并由教师予以引导,培养学生的人文底蕴。二是邀请校内外知名专家学者举办文、史、哲、艺等人文素质教育讲座,引导学生热爱知识,追求真理,端正人生态度。三是积极开展各种校内学习活动。人文知识的积累主要是依靠学习,但知识内化为人文精神主要靠学生的体验和领悟,这些都需要在实践过程中完成。一方面通过各种学生社团展开,另一方面还有集体组织的青年志愿者活动、社区援助活动、勤工俭学活动和社会调查活动等。四是适时开展相关的探索创作竞赛活动,引导和鼓励学生的人文志趣,开发展示其人文特长,锻炼提升其人文素质。学校要为学生各种实践活动的开展提供必要的条件,鼓励学生社团的成长和学生参与实践的热情,并给予适当的指导。

## 三、第三课堂:行为践履强化

校外社会实践向来被称为高校的"第三课堂",这个课堂既是求真的过程,又是获得体验、熏染感情的途径。大学生通过实践活动,既可以检验、应用所学知识,又可以开阔视野,锻炼各种能力,从而提高人文素质和科学素质,达到文化重建自我与社会本质要求的统一。因而,走出校门投身社会实践活动,让各种人文知识积淀,接受社会现实的检验和磨砺,有助于内化到精神世界,促进其人文素质外化为行为。

其一,社会实践可以使大学生对当今社会的现状有一个理性的认识,了解国情、社情、民情,汲取时代精神的养料,批判和更新各种不合时宜的观念和行为模式,有利于从整体上提高大学生的人文素质。

其二,社会实践可以使学生在实践中认识社会、改造自我、促进自身健康发展,反思人生价值观念,促进自我意识成熟,以达到人文素质培养与人文精神提升的最优化。这有赖于开发利用各类社会实践活动在学生自我表现、自我教育、自我管理、自我提高过程中的积极作用。

其三，社会实践可以帮助学生增强求知欲和责任感、使命感，在具体的工作环境中锻炼实践能力，培养敬业精神，加强文明修养，培养服务意识和奉献精神，并运用所掌握的知识为社会服务。反过来，此过程还有利于加深学生对当今世界政治、经济、文化、社会等问题的理解。

其四，开展社会公益等社会实践活动，有利于深化课堂教学，拓展人文教育的空间。从某种意义上说，这种来自现实社会实践的人文教育比在学校的教育更直接、更深刻也更持久，更能有机地将感性教育与理性教育结合起来，让学生在同民众的交往和参与社会公益活动中，吸收传统道德的精华，养成善德，锻炼善行，具备善心，学会沟通与协作，在活动中培养学生的公德意识和良好情操。学生通过公益活动，不仅熟悉自然的、人为的或社会的工作对象，学会如何分析问题和解决问题，而且可广泛接触不同文化背景、不同文化习俗的人群，学会进行跨文化交流与合作，学会与人共处。在这样的实践活动中，学生通过交流、比较、思索、磨炼，就会逐步建立起健康的思想感情和合理的价值观念，使自己成熟起来。

其五，社会实践可以巩固和加深学生学习到的各种知识、扩大学生的知识面、发展学生独立思考的能力，更重要的是可以让学生在实践中提炼和强化人文素质的行为，验证和发展社会行为，强化行为履行能力。

## 四、第四课堂：虚拟网络历练

第四课堂是在"三大课堂"的基础上衍生的一种网络虚拟课堂。在当代，随着以计算机、通信技术和信息技术为支撑的电子信息网络在全球的高速发展和日臻完善，网络早已不只是一种简单的信息传递工具。它参与了现实社会生活的构建，为人们塑造了一个新的社会生活环境，使人类正在踏入一个新的实践空间——网络空间。在网络空间里，人文精神的发展不仅迎来了前所未有的机遇，而且也面临着极其严峻的挑战。就目前来看，当代大学生由于存在对网络价值、网络社会规则及其特点认识的不准确，导致在网络社会中存在价值标准失范、道德评判弱化的问题。要改变这种现状就必须切实加强大学生的网络人文素质教育。

网络虚拟课堂虽置身虚拟环境，面临虚拟人群，但并非空对空的虚无，而是针对三大课堂覆盖不到的地带，发挥着实实在在的影响和作用。实际上，现今网络时代突出地暴露了严重的人文精神缺失与人文价值倒挂问题，必须植根于现实的网络社会文化土壤，在与网络时代的政治、经济、文化的互动过程中寻找人文素质教育新的生长点。从这个角度看，高等学校网络人文素质教育的基点是为学生指明积极向上的网络应用方向，提升他们的网络社会境界，陶冶他们的网络情感，帮助其了解网络社会，认清网络世界中的自我，从而形成内化于主体精神深处的网络人文品质，增强对网络社会的正确认识和责任感，引导学生的网络行为，使其更好地游走于网络社会的同时也要学会认知、学会做事、学会共同生活。网络人文素质教育的内涵应该是更为具体、丰富和现实的，应当是生动活泼、贴近社会实际的，针对大学生网络人文素质缺失的主要表现而要有所取舍侧重。

开展第四课堂人文素质教育，要做到以下几点：

其一，实现网络历练，首先要认知与把握"网络之真"和"网络之善"。"网络之真"和"网络之善"在于基本精神即所谓自由、平等、资源共享。互联网本是一个推崇开放的世界，包容了多种文化元素，吸引了全球数亿人的眼球。它的出现让人们更方便自由地查阅想要了解的资讯，最大限度地延伸自己的眼界和生存空间，更重要的是可以让人们更自由地发表自己的见解，摆脱了宗教的、政治的、社会地位上的束缚。这一切如果没有诚信作为基础是无法达到的，因为网络所体现的是无边的、开放的、变化的、分工却又相互协作的互动关系，自由、平等和真诚的交流是网络的真正精神，只有用这样的精神作为指导，才能使对话沟通成为可能，才能最大限度地解放人的精神世界，才能创造出新的思想和新的思路。大学生只有做到对"网络之真"和"网络之善"的准确认知与把握，才能形成对网络社会的责任感，才会自觉地共建和维护现实社会的"真"和"善"。

其二，实现网络历练，要对网络中的观念和行为加以有效引导。美国著名社会学家曼纽尔·卡斯泰尔说，信息技术的发展使得"地域性解体脱离了文化、历史、地理的意义，并重新整合进功能性的网络或意向拼贴之中，导致流动空间取代了地方空间。当过去、现在与未来都可以在同一则信息里被预先设定而彼此互动时，时间也在这个新沟通系统里被消除了"[①]。其结果是"流动的空间"与"无时间的时间"正在成为新文化的物质基础。网络上的意识形态摆脱了民族、国家或社会的界限，外来文化的精华与本土优秀传统文化的创造力在这里碰撞并以多样复杂的方式结合在一起，应当怎样去

---

① 曼纽尔·卡斯特：《网络社会的崛起》，社会科学文献出版社2001年版。

面对，怎样进行消化、吸收？网络中哪些信息能陶冶我们的思想和情操？哪些信息对我们是健康有价值的？哪些是虚假不可信甚至是陷阱？应当怎样辨别、剔除糟粕、取其精华、去伪存真？当代大学生无法回避这些问题，需要在网络人文素质教育中加以重视和引导。

其三，实现网络历练，要着力于对大学生网络道德的培养。网络的虚拟性使网络社会中的道德具有非控性、开放性、自主性、多元性，而现实生活中的传统道德准则无法约束网上言行，易导致大学生网络道德意识低下，也将对大学生的传统道德观念及日常行为产生较大的负面影响。所以高校网络人文素质教育应阐述传统道德与网络道德的关系，明确指出网络道德是传统道德的发展和延伸，每一次网络言行都是在营造新的网络文化。因为既然网络和现实生活有关，所以网络本身所具有的人文精神，就一定会与现实生活的某种方式有联系，数字化时代的到来和数字化所能提供的生活方式，都不能独立于现实生活之外。网络既然是高度发展的文明社会的产物，它就必须有文明发展的规则。因此要通过网络人文素质教育使高尚的网络道德行为准则深入人心，以指导大学生文明上网。

其四，实现网络历练，要加强对大学生的网络心理疏导。网络给大学生带来积极影响的同时也可能对其生活方式、心理行为产生负面的影响。因过度使用网络而导致诸如情绪障碍、社会适应不良等心理问题日益增多，引起了社会的广泛关注。保持健康的网络心理，已成为大学生心理问题的一个焦点，也是高等教育工作者所面临的新课题。所以高校网络人文素质教育必须重视网络对大学生心理发展与健康的影响，适当干预网络性心理障碍，破解网络性心理障碍的成因、危害，研究解决如何预防网络心理问题等。

其五，实现网络历练，要力补大学生网络法律观念的缺失。尽管网络是虚拟空间，但其中的行为仍然是实在的，丝毫没有脱离开人类社会，只是具体行为方式发生了改变。因此，网络上的任何言行必然会受到现实的法律制约。网络法律问题产生于网络的应用之中，大学生在网络上也应有法律意识。近年来，网络所反映出来的法律问题呈上升趋势，有关网络的案例不断发生，这与上网者的网络法律意识普遍淡薄不无关系，而法律意识的缺失归根结底在于人文素质的缺失，故可以用人文素质与网络法律意识相配套，使得两手抓、两手硬。

## 第三节　人文素质教育的方法

人文素质教育方法是教育者为了实现人文素质教育目标，传递人文素质教育内容，对受教育者采取的思想方法和工作方法。人文素质教育方法有宽有窄、有点有面，涉及方法论、研究方法、教学方法、学习方法等，本节不一一赘述。前述人文素质教育的原则和途径，实际上也是一种人文素质教育的方法，是人文素质教育的一般方法和基本方法。本节着重从教育者角度，从选择教育内容入手，阐述实施教育的方法。主要包括学科交叉法、中西融合法、古今搭桥法和就地取材法。

## 一、学科交叉法

所谓学科交叉法，是指在人文素质教育过程中教育者充分挖掘和整合不同学科中有利于受教育者丰富人文知识、提升人文素质、形成人文精神素材的方法。即高校教师在实施教育时需有多学科的视域，从学科上进行比较透彻而全面的领会和思考，并聚焦于文与理、文与文等不同学科的交叉结合处，从中研究出寻找人文素质教育的素材和资源。

学科交叉是科研思想的来源，因为传统单一学科发展到一定时期，会遇到瓶颈甚至极限。当代科学技术发展的一个重要特点是综合化和交叉发展，许多新学科都是在两个或多个学科的交叉点处生长和发展起来的。随着学科交叉融合进一步加快，科学家不能再局限于本学科领域方面单纯的研究，必须注重跟其他学科领域的科学家共同探讨、共同发展、交叉融合、共同合作，将一个学科发展成熟的知识、技术和方法应用到另一学科的前沿，这样能够产生重大的创新成果。

学科交叉也是人文素质教育的方法。高明的教育者善于利用自身积累的知识优势，发展学科交叉的切入点，及时挖掘新的教育内容和开辟新方向。更新教育内容意味着突出现代、反映前沿、追踪发展和学科交叉。教育者不能局限于只看自己所在学科的教材和图书，而是应关注相邻学科及其结合部，不断学习相关学科和交叉学科知识，建立交叉学科教学项目，着眼主题的学习研究，形成一种学科交叉的教育视角。

学科交叉方法的长处：一是有助于教育者扩充教育视域，更新教育内容，提升教育层次，达到人文素质教育的新颖性、前沿性、学理性。二是有助于受教育者即大学生培养学科交叉的思维习惯，学会分析、评价及综合不同来源的信息，得出合理的决定。

对学科交叉方法的质疑主要集中在认为这种方法缺乏综合性，即教育者选取多学科的视角，却没有充分的指导以克服学科间的冲突，获得对问题的综合认识，且只有少数学生才具备所要求的知识和智力的成熟性。对这种方法的质疑虽值得重视，但不可因噎废食地加以否定。

## 二、中西融合法

中西融合法是指人文素质教育者充分挖掘和整合中国与外国文化中精华部分和积极因素，来获取人文素质教育素材的方法。

大学的人文素质教育承担着传承和光大民族文化传统的责任。这种传统的伟大之处之一在于帮助参与其中的人们将传统生活化、日常化，从而建立属于自己的文化认同。而文化认同的建立应该有海纳百川的胸襟，像卡尔维诺在《为什么读经典》[①]中指出的那样，从经典文本教育开始，然后逐渐向历史哲学延伸，向古今中外纵横，也就是钱钟书先生提倡的古今中外的打通。"打通"旨在创造扎实的学术基础、健全的人格以及有趣的文化生活。

然而，人文素质教育的全部功能不仅仅在于传承传统、建构文化认同。在了解传统、确立自己的身份之后，反过来更要鼓励文化多元化，培养国际

---

① 伊塔洛·卡尔维诺：《为什么读经典》，黄灿然，李桂蜜译，译林出版社2006年版。

视野。尤其是当中国学府、学生出现在国际交流的舞台上，更加迫切地需要接受人文素质教育并以此了解"文化多元"的意义。在全球化的语境下，合格的人文素质教育带来的文化认同毫无例外会带有"文化多元"的色彩。

因此，中国的人文素质教育者应多多关注西方通行的现代科学教育与人文素质教育融合的精髓，引导学生主动发现所在学科的人文性，欣赏国内外名家的人文论述，开发具体学科中的人文内涵，是培养学生人文精神的有效途径之一。在教学过程中，可以结合教学内容向学生展示中外学者对学科知识所具有的实践性和人文性的不同观点。由此，人文内涵不是仅仅简单地推崇中国独有独大的东西，而是将其合理地搁置于现代学科教育的框架之内，作为专业教育活动的一种有机构成要素被吸收、消化和融合。

## 三、古今搭桥法

古今搭桥法是指人文素质教育者以传承和扬弃的态度，从历史典籍和传统文化中充分挖掘和整合不同历史时期人文素质教育素材的方法。

有人说"通于古者知于今"，也有人认为知今便难通古。而如果能融汇古今，善于在历史与现实之间来回穿梭，则可能通古今之变，成一家之言。

首先要知古守根。现实是历史的延续，它本身也要演变为历史。在很大程度上，人文素质教育必须回归、再造传统，到历史中去寻找可以批判继承与参考借鉴的人文遗产。作为一个有着悠久历史的文明古国，中国传统文化有着取之不尽的人文素质教育资源，产生过众多杰出的圣贤，他们怀着卓绝的理想，持有坚定的信心，表现出了自强不息、超凡脱俗的精神境界。重新激活这些资源，让他们在现代大学的人文教化中发挥作用，是现代教育弘扬人文精神的重要内容，也是富有时代意义的课题。现代大学校园应保留教育理想，使人文素质教育有憩息、舒展、生长的空间，从而让大学成为相对纯净的人文学习园地。教育者应该有针对性地改革教育的僵化模式，在及时传授当代马克思主义中国化发展的最新成果的同时，将人文素质教育的精华融入其中，并不断丰富教学形式，以增强教育的吸引力和感染力。

在中国历史上，非宗教的、具有浓厚理性主义和人文精神的儒家文化占据着统治地位，科举考试以古典人文学科知识作为主要标准。宋代统治者不仅重文轻武，以文臣出相入将，而且公开标榜"以文教立国"。现今，加强大学生的人文素质教育，力求兼收学习人文知识、陶融人文精神是十分必要的。特别是在经济全球化、文化多元化的时代背景下，外来文化不断冲撞着我们的文明，我们应该坚持"和而不同"，在吸收外来文化的同时，我们首先要保住源远流长、博大精深的中华优秀传统文化这一根本。现在大学生的民族文化的根底太浅太贫乏，而且整个社会都普遍趋于浮躁。因此，倡兴国学、资人励己，传播民族大义显得尤为紧迫和重要。

其次要知今守望。要把人文素质教育与当代社会现实及大学生紧密结合，从实际出发，根据学生的知识结构和接受心理，有计划、有针对性地进行循序渐进的教育，并在教育方式上有所调整和创新。在教学内容上，要打破传统的程式化条块的分析模式，注重挖掘人文精神，使学生在潜移默化中受到优秀古典人文精神的熏染，将传统文化与学生人文素质培养结合起来，充分发挥人文素质教育的功能，用传统文化的麟髓凤乳滋养学生的精神生命，使其内化为学生的精神品格、气质修养。在教育手段上，要学会利用现代教育技术来普及传统文化，一些古典人文作品可能晦涩难懂，不宜全盘口述，可通过图像、声音、动画配合文字，则更有助于加强教学的直观性和生动性。以图而言，中国古代丰富的文化遗迹，如甲骨、帛书、绘画、雕刻、封建王朝的疆域版图；以声而论，如诗词诵读、古曲演奏、古典戏曲片段等，都能得到生动直观的展示，从而增强教学效果。学生在学习西方文明的同时更能深刻地感受到毫不逊色的中华优秀传统文化，掌握学术知识之余也提高了自己的精神修养，其作用是"润物细无声"的。

## 四、就地取材法

就地取材法是指利用当地的文化资源进行人文素质教育的方法，即高校教师在实施教育时应注意发掘本国、本省特别是本地本校的教育资源，要选取身边典型的文化载体、事件、人物，加以去粗取精、去伪存真、由表及里的分析评判，以达到人文素质教育的特定效果。

传统文化中的各地方文化，如乡土地理、民风习俗、历史人物、生产和生活经验等，是中华文化的重要组成部分，是中华文化形成和发展的土壤。正如著名民俗学专家陈勤建教授所说："我们民族文化的DNA，存在于民俗、民间文化之中。"[①] 地方文化就是基因文化，它具有独特性、亲切性、实践性。

① 陈勤建：《中国民俗学》，上海人民出版社2017年版。

利用地方文化资源，有利于建构以人文素养为目的的课程体系；有利于焕发出融入灵魂深处的文化基因；有利于在文化的继承与发展中形成各自的特色。在高校人文素质教育中，地方文化资源值得我们去发掘和利用。

利用就地取材法可以实施一种内容极为广泛、密切联系地方实际的有鲜明地方特征的人文素质教育。可依据当地的政治、经济、文化、民族等发展需要，利用地方人文资源而开发，反映地方社会发展实际及其人才培养的需求，与学生的现实生活产生多方面、多层次的联系，重建学生的精神生活，真正赋予学生生活的意义和价值，让学生成为学习活动的主体、个体生活的主体和社会活动的主体。

由于各地经济文化发展的不平衡和自然环境的千差万别，城市与农村、发达地区和欠发达地区的教育资源的持有量也不相同。因此要尽可能就地取材，选择资源方向、确定指导力量、获得信息资源的途径，制定出合适的办法。从贴近生活、贴近社会、贴近学生出发，丰富教育资源，能突出中华民族的优秀传统文化，同时从文、史、哲等方面精选学习主题，让学生在走进自然、走进社会、走进人生的过程中，学会正确处理个人与自我、个人与自然、个人与家庭、个人与社区、个人与学校、个人与国家、个人与世界的关系，逐步形成正确的人生观和价值观。

在此过程中可以开发、利用以下资源：地方人文资源，如文化古迹、革命历史遗址、风景名胜、民俗民风等；专业职能部门或机构的资源，如大专院校、科研机构、企事业单位的专家、学者、研究人员及相关设备等，实现多种资源的交融；文献资源，如电影、电视、广播、录音带、录像带等音像制品；地域文化机构资源，如博物馆的收藏品，书店、图书城的书籍、期刊、报纸等；科普教育职能机构的资源，如省市、地县（区）科协、学会的专家、青少年活动中心等校外教育基地的教师及设备等；大众视听传媒资源，如博物馆、体育馆、美术馆、文化宫、展览馆、公园等；电子信息资源，如计算机网络、多媒体课件等，以此实现资源共享。

在就地取材法的实践中，从第一课堂来说，可通过在人文素质课程体系中增加地方文化选修课、在编写有关人文素质课程的教材中利用地方文化素材、在人文素质课程教学过程中融入地方文化元素，以及鼓励和引导学生自主探究地方文化精髓等方式让地方文化资源"进课堂"，从而优化人文素质教育的课程结构，丰富教学内容；从第二课堂来说，可通过开展以地方风情为题材的书画、摄影竞赛和作品展，组织以民俗采风为内容的征文比赛和文学交流活动，将地方民歌、地方剧种搬上校园舞台等方式，让地方文化资源"进校园"，从而丰富校园文化内容，提高活动吸引力以激发学生的参与热情；从第三课堂来说，可将社会实践活动和地方文化资源结合起来，开展"三下乡""四进社区"活动，有针对性地安排学生深入农村、深入地方、深入地方名胜古迹，面对既熟悉又从未深究的地方文化，让学生去观察、考察、调查、体验、访问，为学生提供更为实际、更为真实的学习情境，将书本知识与学生生活、社会实际有机地整合起来，操作起来既经济又简便易行。

实施就地取材法要求查阅相关资料，查检出有关地域人文、文化习俗等史料；走向社会调查访问、实地考察和上网方式收集材料，并对这些资料进行初步的筛选、摘录和整理；走访村镇中的老人、群众，了解相关古老传说和奇闻逸事。由于比较原始，需要对这些材料进行整合，使之与学生和教学实际相符合。将学生收集到的资源进行整理，并对这些资源按照一定的类型和逻辑顺序进行组合、整编和归类，使之更加有效和有序。通过这种手段，把来自各个渠道的资料加以考证、比较、增删等，以达到去粗留精、去伪存真的目的，使之更具系统性。

# 第四章 人文素质教育的价值与功能

人文素质教育的重要作用，源自对教育对象未来角色作用的预知和把握，更受制于社会经济、政治、文化发展对人才的需求和期待，人文素质的社会期望值通常与其所受的教育程度成正比，而作为高等教育的着力点之一，良好的人文素质培养，在社会模型塑造中有着深层的建构意义。对个体，它是长大成人、明辨是非和推陈出新的前提；对社会，它具有连接个体与社会、孵化素养为能力、在思想和知识之间培育文化自觉意识诸方面的功能。因此，明确人文素质教育的地位，探究人文素质教育的价值，发现人文素质教育的功能，便是在开展人文素质教育之前必须清楚明了的理论前提。

## 第一节 人文素质教育的个体价值

从根本上来说，人文素质教育和人的尊严的确立有关，它是人类在安身立命过程中对自身价值的发现和肯定，以艺术修养、人格气质和文化行为形态表现的面貌呈现出来。因此，从教育的角度来说，人文素质教育区别于单纯的知识性和技能性教育，在塑造人格方面，具有直接为教育目的服务的性质。

在人文素质教育的推广中，目前更多的是以通识教育的方式进行，使得人文素质和通识教育之间具有通约性。在这一点上，东西方是比较一致的，中国自古以来，都是以儒家思想为核心的人的教育，且极其重视通识教育和人文素质教育，其教育目的是为社会培育大量的后备军，为国家意识形态服务。而强调学生的人文素质，不仅是中国传统教育的核心内容，而且还是西方特别是美国教育的核心内容。著名的哈钦斯理念便是美国现代大学在历史转轨期形成的，这一理念现在已经成为经典，并贯穿在美国各个大学之中。美国的通识教育实际上是为"美国意识"服务的，它的目的就是要打造以"美国文化"为核心的课程体系，自觉地承担为美国现代社会奠定共同文化基础的责任。因此，从西方现代大学的建立来看，人文素质教育的地位非常重要，它直接与教育目的联系在一起。

从历史的角度来说，人文精神主要源于西方文艺复兴时代，它和人文学科密切相关。文艺复兴时期的人文精神实际上是反对神学的一统天下，从教育的角度说，人文教育随着资本主义的发展有逐渐式微的趋势，特别是随着职业化教育，人文精神逐渐被边缘化，资本的大肆横行、拜金主义和商业利益无处不在，使得西方也面临着人文精神的沦落。随着现代化进程在我国的推进，当前人文教育的提出一方面是基于职业化教育对人文精神的淡漠，另一方面是社会道德的转型，特别是资本人格对人文精神的挑战引起的，这是引起人文素质教育思索的主要原因。所以从地位角度来说，人文素质教育与国家政治的关系密不可分。

其实，人文素质教育具有一种社会基础建构的意义，更多的还是倾向于社会人的基本素质的培养。因为人文素质教育与国家人才培养目标之间是十分关联的：人文素质教育与国家教育方针的指向是一致的；人文素质教育与国家人才需求预期是契合的；人文素质教育对建设和谐社会的作用是积极正面的。妥善处理这几个方面的关系，是教育者在特定时代语境中必须注意的。因为从来就没有能脱离开特定时代语境的人文素质教育。同样，反过来说，任何一个时代的主流意识形态，必然要求其人文素质教育与其意识形态相协调，这是思考这一问题的前提，即时代语境要求，简单地说，人文素质教育离不开历史实践的具体面貌，从来没有抽象的人文素质教育，它与国家意识形态之间有着密不可分的关系，从而成为国家教育方针的一个重要构成方面，体现着国家意志。对国家意识形态建设来说，人文素质教育具有基础性的建构意义。

总而言之，人文素质教育的地位不仅从学术和文化角度来看很重要，而且从政治角度来认识也非常重要，它直接关系到了国家和民族精神的建构问题。当然，与国家意识形态密切相关的人文素质教育还必须落实到个体层面上回答人文素质教育的个体价值问题。

## 一、明辨的前提

明辨是对"成人"的理性要求，符合当代的时代特点。但是随着时代的变化，明辨的内容也在变化。在中国传统文化中，明辨是非是和封建的伦理道德相关的，在西方，明辨是非和资本主义文明密不可分。不同的语境会造成人们判断事物、明辨是非的不同标准。在当代中国正走向宏大的历史拐点之时，确立明辨能力的重要性及其在人文素质教育中的重要地位，就非常必要和及时。因为时代飞速发展而造成的判断标准的模糊和变动，对于人的明辨能力是一个痛苦的折磨，每一种价值观都来表演，哪些是恒久的珍珠？哪些是炫目的水滴？又有哪些是虚幻的影子？这是个问题。

好的人文素质教育则极具明辨功能。因为人文素质教育是从人的完整性出发的教育，因此更注重每个人在现实生活中，特别是在群体社会生活中的位置，更加强调"和谐人伦"的功能，它有助于提高人们的认识能力，明辨是非。英国哲学家培根说过："读书使人明智，吟诗使人灵秀，数学使人周密，物理使人深刻，伦理使人庄重，逻辑与修辞使人善辩。凡有所学，皆成性格。"[1]它强调了人面向现实社会应采取的态度，当然在培根那里，这是一种理性主义的态度，带有18世纪理性主义哲学盛行时期人们的价值观。在中国，孟子强调了四端："恻隐之心，仁之端也；羞恶之心，义之端也；辞让之心，礼之端也；是非之心，智之端也。"[2] "四端"之说实际上给人树立了基本的底线，能在两千多年里起到教化人心、醇化民风的作用——尽管它并不完全适应今天的需要。

人文素质教育的目的不仅是对公德的常识性的认识，从更高的角度来说，是培养人具有思想的力量。明辨是非，来源于思想的力量。人人都有彷徨时，

---

[1] 培根：《培根随笔集》，人民文学出版社2006年版。
[2] 出自《孟子》。

文化的普遍倾向是对人的软弱之处进行"去蔽"或"遮蔽",对生命的"无奈性"的思考,以及对这种无奈的"论说""非体验"性的反驳。"消极"是最简便的武器,"颓废"被轻易命名,殊不知在命名的背后是致命的疏离,他对"生命感"视而不见。那些人类思想史上闪烁的群星,无不是在困境中挣扎的灵魂,他们发出的声音恰恰是对痛苦、无奈、不幸和困惑的挑战,恐惧和对不可知世界的迷惑是促使我们逃离黑暗的真正动力,正如柏拉图那句名言——实际上,光明是在黑暗中诞生的。所以,应当给软弱、徘徊、犹豫、困惑、孤独、苦闷、恐惧以应有的空间,给予懦弱和流泪以相当的宽容。从心理学的角度讲,人类的情感应该是全面的,但是社会有其主导倾向,因此在人和社会之间就出现了裂隙,这裂隙实际上就是一个空间,对这一空间的态度决定了社会的宽容度,决定了一个时代的气度。当一个时代能够尊重每一个具体的人的情感世界,而不是以道德或其他什么名义随意地践踏个体的内心生活时,这个时代或这个世界应该是清澈的。这样的世界色彩斑斓,虽有疾风暴雨,但也有鸟语花香,那不应该仅仅是一个童话世界。在学术或知识分子的身份思考中,真正的知识分子不仅仅是突破了专业领域的"权威"这一命名的限制,不仅仅是拥有社会关怀、政治参与的意识,而且要在国家意识的宏大抱负中,前提性地加上一个重要元素:以个人的名义向理想出发,而不仅仅是某种观念的代言人。需要信奉的是:只要思想在,拥有明辨是非的能力,人们就有足够的勇气从柏拉图的黑洞中逃离出来。

## 二、创新的基础

创新是引领世界的潮头，但并不是人类幸福的尺度。人文素质教育的目标则是使创新能够在"为人类谋求幸福"的尺度内开展。人文素质教育可以从技能上培训创新的基础能力，更要在智慧上使人懂得创新的意义，它可以给人以积极进取的人文精神和文史哲修养，激励人们不断创新。可以说，人文素质教育是激发人们创新的基础。

1. 人文素质水平是创新能力的标志，它为创新指明方向

因为人文素质的目的在于人类的幸福，而在自然科学领域，创新则是科学与技术的更新，这种更新必须以人类的幸福为目标。如果没有人文标杆，创新则容易走向偏狭的道路，所以，只有单纯的科学研究是不行的。历史上，发明原子弹的美国科学家奥本海默晚年对此曾有过深深的忏悔，正说明人文素质的终极作用。在人类历史上，正是那些怀有幸福观念的科学家，为了人类的幸福而去努力创造，面对神秘的自然和外在世界思考和发明，在他们心中，这样的幸福观念乃是创新的根本动力。

2. 依附人文素质的综合能力，是创新的前提

在人文素质基础上产生的综合能力包括合作精神、心理素质、情感力量等，都是创新必不可少的前提。科学的创新，要避免怀揣过于冷漠的情怀。倘若不善于合作，也难以有重大的发明创造。当代的科学发展日新月异，仅靠个人的力量是远远不够的。协调一个团队，共同完成一个目标，不仅需要

知识，还需要集体意识和共同理想，需要情感的关怀和人性的同情、理解，在心理层面，更需要开阔的胸怀。在占有自然知识的前提下，音乐、绘画和文学艺术等都有助于培养科学家的敏感性，把握自然的奥秘。正像爱因斯坦拉小提琴一样，成为创新乐章中美妙的旋律。

3. 从国家和民族的角度来说，创新也需要民族情感和共同理想

任何一个人都无法脱离开他生存的土壤，民族情感是千百年来源于血缘的内在积淀，是无法割舍掉的亲情所在，也是人之为人的精神命脉，它会成为强大的创新动力。而爱国情怀和民族情结则是人文素质的重要内涵，它天然地成为人文素质教育对创新能力的前提要求和内容。我们所熟知的波兰科学家居里夫人，从青年时代起就离开祖国，到法国求学。但是她时刻也没有忘记自己的祖国，她发现的化学元素用祖国命名，而这一化学元素也以"钋"这一名字印证了人文素质教育的重要性。

4. 在教育的具体层面，创新则需要改变教育模式

在个人修养层面，则需要注重：①道德素质，这是一个人最基本的素质。严格地说，它在儿童时期就应该养成，比如"讲究卫生""遵守公共规则""交往的礼节"等就是一个公民必备的要素。②智力素质，这是求知的能力，从知识的创新角度来说，基本的智力素质是必需的，它是一个人未来探索和研究的必要前提。这一素质包括一个人的智商、逻辑能力、语言表达能力、洞察力和艺术敏感力等。③身心素质，即一个人的自然身体状况以及心理水平。在如今这个剧烈变化的时代，心理素质在某种意义上甚至成为关键时刻的决

定性因素。"每天锻炼一小时,健康工作五十年"这个口号实际上揭示了身体素质与创造、创新之间的关系,身体是一个1,其他则是后面的0,没有这个1,有多少0都是没有意义的。④劳动素质,也即实践能力。在创新面前,尤其是技术创新面前,动手操作等实践能力显得尤为重要,它是一个人独立和健康发展的自然基础,也是创新的前提保障。⑤审美素质,这是决定创新水平高低的一个要素,说到底,创新服务于人,是为了实现人的理想。所以,一定的审美素质是必需的,它对创新有着重要的意义。这五种素质和国家教育方针是一致的,发展"德、智、体、美、劳"全面的人就是教育的目的之所在。当然,在大学阶段,人文素质教育还有一些比较具体而精微的目标。

关于创新的思考,一般来说还要注意:其一,创新不是一个绝对命令。不是什么事情加上创新两个字就具有合法性,以为有了创新就能解决任何问题。比如,有些观念、认识和有些人的幸福则是以古朴为追求。这说明人文精神方面的幸福感和物质满足之间不是必然逻辑,而是应然逻辑,它和主体的心态有关。其二,创新不仅是技术层面的,它也包括精神领域的探索,特别是和人性密切相关的领域,也存在精神面貌的新体验。但是要特别注意的是这种体验必须和人类的幸福有关,那种以戕害人类幸福为代价的所谓新玩意、新武器、新方式,从严格意义上说不属于创新的范畴,反而是需要人类去剔除和克服的。其三,创新的手段和技巧与人们的认识水平和实践空间有关。所以,创新的外部语境非常重要,甚至可以说,创新是由其外部的刺激而出现的内部变化。

## 第二节　人文素质教育的社会价值

大学生作为未来社会的栋梁，他们不仅担负着劳动者的名分，还担负着文化传承的名分。因为他们所受过的高等教育必然使他们多了一份文化责任，以及不断提高劳动乐趣的义务。这就是对大学生的培养教育所具有的社会意义和社会价值，这种社会价值的来源和体现是社会需要。一个社会的稳定发展不仅来自政治、经济的推动，而且来自全体成员对这一社会的认同和参与度。在个体与社会之间，社会成员的素质修养深层次地决定着个人与社会的和谐程度。因此，人文素质的程度和水平非常重要，人文素质教育的社会意义也不言而喻。

从当代知识分子的角色地位来反思，已经由立法者的角色渐渐过渡到阐释者的角色，但是，公共知识分子的命名实际上还在起着时代意识形态建构的功能。在西方，围绕文化传承和价值关怀，一直有关于"知识分子"身份的反思，齐格蒙·鲍曼在他的《立法者与阐释者》一书中的观点值得关注："'知识分子'一词在20世纪初刚被创造出来的时候，是为了重申并复兴知识分子在启蒙时代的社会核心地位，重申并复兴知识分子在启蒙时代的与知识的生产和传播相关的总体性关怀。'知识分子'一词是用来指称一个由不同的职业人士所构建的集合体，其中包括小说家、诗人、艺术家、新闻记者、科学家和其他一些公众人物，这些公众人物通过影响国民思想、塑造政治领袖的行为来直接干预政治过程,并将此看作他们的道德责任和共同权利。'知识分子'一词被创造出来时,法国启蒙时代的哲学家群体,知识分子的代表(Les Philosophes)或文学共和国(Republique Des Lettres)的后代早已四分五裂了,他们散布于各自独立的专业领域中,他们各自对某一方面的问题感兴趣,他们只是关注某一局部的问题。因此,'知识分子'一词乃是一声战斗的号召,它的声音穿透了在各种不同的专业和各种不同的文艺门类之间的森严壁垒,在它们的上空回荡着;这一个词呼唤着'知识者'(men of knowledge)传统的复兴(或者可以说,这一词唤起了对于这一传统的集体记忆),这一'知识者'传统,体现并实践着真理、道德价值和审美判断这三者的统一。"[1]以上论述中,齐格蒙·鲍曼阐释了对知识分子在当代的位置问题的理解。这一问题在中国传统文化中也存在,它涉及任何一个社会意识形态建构的主体问题。在中国传统儒家文化体系中,"士人"集团实际上担负了国家意识形态的建构职责,体现了社会体系中思想和精神信仰的构筑功能。无论从中国古代社会状况,还是从西方古今社会面貌来看,知识分子的担当意识都是其社会责任的一部分。因此,考虑人文素质教育的社会价值,必然要从知识分子的信念与社会稳定、常识与社会进步以及思想与社会批判入手。

---

[1] 齐格蒙·鲍曼:《立法者与阐释者——论现代性、后现代性与知识分子》,洪涛译,上海人民出版社2000年版。

## 一、信念与社会稳定

任何社会的稳定,都需要一个总体统一的价值观念和一个基本稳定的社会人群。从中国传统社会来看,儒家文化和士人乡绅集团构成了中国古代社会稳定的基本要素。在当代,社会主义核心价值观和知识群体就起到稳定社会的作用。因此,信仰的建立是在社会价值观念层面需要思考的重大问题。每一个社会都有建立在不同的政治、经济模式基础上的主流与核心的价值规范。对于一个社会来说,信仰的稳定性决定着人们的认知水平和行为能力,也维系着社会的稳定。

众所周知,以孔子为核心的儒家思想建立在对周代制度建设的思考之上。在陈来先生的《古代宗教与伦理——儒家思想的根源》[1]一书中,他谈到了儒家文化建立之初的种种思考,这些思考实际上涉及从殷商以"宗教巫术"立国到周代以"人文伦理"立国的转换。在这一思考中可以发现,两千多年来中国的超稳定结构实际上有两个重要因素:一是"儒家"文化价值观念,二是存在一个"士人""乡绅"集团。这里"士人"和"乡绅"秉承一致的儒家价值观念,有天下担当时则为"士人",治理家族时则为"乡绅",并且"士人"和"乡绅"的角色可以随时转换。这样一种结构便为中国古代社会的稳定提供了"信仰"——作为一套价值观念,它在青年士子的成长过程中以"儒学"为人文素质教育的内容。儒家文化在中国传统社会中的价值规

---

[1] 陈来:《古代宗教与伦理——儒家思想的根源》,生活·读书·新知三联书店2009年版。

范作用说明人文素质具有历史语境性内涵，换句话说，人文素质的要素并不是一成不变的，在一定的历史时期，它的基本内涵与社会历史发展状况相关。在中国传统社会，儒家理想和价值观必然成为人文素质教育的内容。

到了当代社会，儒家价值观念已经远远落后，但是其中的模式和某些人文因素还有参考价值，比如面对急速变化的现代性浪潮，如何看待"功利性"取向，如何看待"资本"的无孔不入等等，需要在信仰层面予以思考。可以说，这个急速转轨的时代为人文素质教育提供了机会，使得人文素质教育有了相应的价值，这便是确立信仰的价值。在过去，中国社会转轨和剧烈动荡时期也是如此，许多仁人志士将信仰提到国民大计的高度去认识，说明信仰对于社会稳定的作用。

其实，信仰是人文素质的一个组成部分，可以应用于对公民的塑造，同时它又是超越人文素质的，有着跨越时间、民族和历史的终极意义。毫无疑问，在信仰层面的管理和建构，信仰能够使一个时代趋向稳定。

自1840年开始，中国持续两千多年的儒家文化体系遭到了前所未有的挑战，伴随坚船利炮而来的不仅有工业文明，还有与这一文明相伴随的现代观念。从五四运动开始，"德先生"和"赛先生"便成为100多年来中国人奋斗的目标。今天，如果放在民族信仰的层面看待这一问题，就会发现，"德先生"和"赛先生"的追求，实际上是一种民族信仰危机下的选择，而这一选择必须与中国的实际情况相结合才有意义，即上文谈到的"历史语境"的意义下，中国现代意识信仰才会产生。从中国共产党领导中国革命直至胜利的历史事实中，这可以发现这里讲的信仰或信念必须结合千百万人民大众的利益才有实现的可能，和中国传统社会结构模式血肉相关。由信仰到信念，应该说是打开了信仰实现的一条世俗化的道路，为核心价值观的传播提供了机会、方法。当代中国的小康社会与和谐社会的主张，从实际出发是一种传统理性文明的现代延续，更是执政党不断拓新的深刻思考。上述思想的脉络构成了信念与社会的稳定之间的理论根据，也是大学生人文素质教育的应有价值。

## 二、常识与社会进步

何谓常识？孙中山在其《建国方略》中曾经指出："凡欲固结吾国之人心，纠合吾国之民力者，不可不熟习此书。而遍传之于国人，使成为一普通之常识。"[①] 此处的常识，显然不同于"普通的知识""一般的知识"这样的含义。在对常识的理解上，英文中有以下几种理解："general sense""common sense""mother wit""practical wisdom"。从以上关于常识的理解中，大致可以概括出"常识"的几种意义：第一，客观的、科学的常识。第二，社会的、规范的常识。第三，传承下来的智慧。第四，实践中获取的经验。常识并不都是进步的，需要注意常识与成规之间的区别、常识与人类认识水平的关系等之间的差别。但是，总体来说，今天所特别强调的常识，更是指一种共同认识，尤其强调的是公民社会建设时期的共同常识，它在某种意义上是用来对抗反科学、反民主的知识。

---

① 孙中山：《建国方略》，武汉出版社2011年版。

## 第四章　人文素质教育的价值与功能

任何一个社会、时代都要有常识。常识是素质教育的一大主题。中国两千多年的旧文明建立在人伦与天伦统一和谐的常识判断基础上，中国人按照春、夏、秋、冬的自然变化管理着人间社会，包括儒家士人借此机会渗透他们的思想影响。在儒家文化价值观中，"天地君亲师、仁义礼智信"被塑造成常识，这是伦理的常识，它维护了以儒家文明为核心的中国两千多年的帝王时代。在民间语言上，对于践踏了伦理纲常的人，会被描述为"几于禽兽"，即几乎等于禽兽，这个判断已经将封建伦理道德变成了日常生活的准则。所以，封建时代的一些制度被称为"伦理纲常"。

西方社会亦是如此，在不同的历史阶段，其常识意识也有所不同。与此前的论述相同，常识也是有历史语境性的，在不同的时代和社会环境下，其常识观念也各不相同，一定会打上特定时代的"烙印"。西方以古希腊文明为核心的"城邦社会"、以希伯来文明为核心的宗法社会和近代以来的资本主义社会，其社会的核心价值观发生了变化，其常识意识也随之变化。在资本主义文明的发展过程中，常识观念带给了社会以崭新的现代形态，这是在进行人文素质教育时应予以借鉴的历史经验。

在一个全球化的时代，各种文明之间已经相互交融，在强调各自文化独立的同时，也是世界文化的不断交融。目前，我国所进行的社会主义建设，远远不同于过去，已经无法在一个封闭的思想下进行社会发展和改造，特别是伴随网络时代的来临，公民意识和公民社会的建设已经步入正轨，逐渐成为越来越多大众的普遍诉求。以进步的契约为社会准则，发展社会是世界的潮流。这样，从遵守常识到突破常识，就要从素质抓起，对常识有清醒的认识，才会对社会进步有更大的作用。

## 三、思想与社会批判

作为一个健全的社会，不能失去它的批判精神，而批判精神来源于人文素质教育养成的社会批判能力，这是单纯的知识教育所不能给予的。同时，也不是格式化的思想所能具有的，它一定和保持不同意见的判断力有关。因此，作为一个完善的社会，保持思想的批判能力至关重要，这正是人文素质教育所担负的思想批判功能。

批判的精神永远是尊贵的，也可能一时短缺，这种短缺与文化传统相关。在中国传统儒家文化中，君王、士人和百姓构成社会的基本主体，在这三者之间，士人执着于实现自己的政治理想，依从传统文化，重视"辅佐帝王"，而不是批判甚至否定帝王，他所秉持的儒家思想依赖整套"礼制"予以实施，因此在其实施时便避免与君王对立。越是到晚清时期，这一现象就越严重。以儒家士人为主体的知识分子，在传统文化中塑造了一个个良相的形象，其全部知识和才华也全在其"辅佐"功能。所以，在传统文化中，是缺少真正的批判精神的。但是，批判精神却是现代公民社会要求其成员应该具备的基本素质，因此，如何吸收传统文化，结合现代社会的发展状况，培养大学生的批判意识，是一个现实的、重要的问题。这一问题甚至是如何建设一个民主社会的关键问题，它关涉到一种社会制度在多大的限度内更加合乎人类的天性、合乎大众的需要。

## 第四章 人文素质教育的价值与功能

当然，在道统和正统之间，还是存在着批判精神的，只是这一批判精神更多的是以儒家道统为依据的；凡是符合儒家道统思想的，便予以肯定；凡是与儒家道统思想相违背的，则予以批判。换句话说，儒家士人在传统社会中更多地不是一种现代公民社会那种批判精神，而是一种"以道自任"的精神，虽然有学者认为这种精神是一种批判精神，但并非如此，在认为儒家思想是一种社会批判精神的理解中，混淆了建立与对话基础上的公正的批判和建立与某种价值观基础上的保守的维护二者之间的界限。其实，区别于儒家士人的"以道自任"思想的现代批判精神的核心，是捍卫某种主体间的对话公平，这一点可以从哈贝马斯的理论中得到推断。在近代和当代，以德国"法兰克福学派"为代表，广泛地展开和实践社会批判，其中对"知识分子"身份的反思也涉及这一问题，其核心在于知识分子要不要拥有批判精神，在一个健全的社会，需不需要一个独立的知识分子群体。在对这些问题的反思中，也存在着不同的观点，但是为大多数研究者所确认的是对知识分子社会作用的强调，很有参考意义。大学生作为社会反思力量的储备和主体，应该是社会批判的主力军。

社会批判既然是当代学术研究的核心问题之一，并且延续传统，特别是知识分子传统，实际上起到良化社会的作用，其不可替代的价值就在于使社会不断地向着更为理性和理想的目标发展，那是人类自由的渴望和完善的要求，是《共产党宣言》中憧憬的目标。大学生人文素质教育的根本目的在于塑造能创造历史的人才，所以对其进行社会批判意识的培养是应有之义。

## 第三节　人文素质教育的社会功能

人文素质教育的落脚点在于培养人，培养具有"文化自觉"能力的人。人文素质教育在这方面担负着重要的任务，这也是人文素质教育的功能所在。

何谓"文化自觉"？联系中国传统文化精神的根本，可以认为文化自觉表现为一种对本民族文化、对世界文化的发自内在心理的担当意识。在甘阳、陈来、苏力主编的《中国大学的人文教育》一书中，他们认为"文化自觉"主要包括两个方面的内容："第一，今天的中国人需要了解中国经济的崛起并非仅仅只有经济史的意义，而是具有世界文明史的意义。现在全世界都把中国的崛起看成21世纪的最大事件，认为中国的发展可能会决定性地影响和改变整个世界格局。对中国在当今世界上的这种地位，中国人必须有自觉的意识，要自觉地从世界文明史的高度来看中国和世界，要自觉地从世界历史的大视野来重新认识中国，重新认识世界。第二，更重要的是，提出'文化自觉'是要指出，我们国家目前的文化状况与中国在世界上的地位很不相称；我们的文化基础非常薄弱，我们的文化底气严重不足，我们的文化历史视野更是相当狭隘。因此，提出'文化自觉'不是要助长文化自大狂，而恰恰是要反对文化自大狂，反对文化浮躁气，反对文化作秀风。我们所说的'文化自觉'提倡的是从非常具体的事情着手，做耐心扎实的文化奠基工作，要特别反对吹牛皮，说大话，搞花拳绣腿。"[1]

---

[1] 甘阳，陈来，苏力主编：《中国大学的人文教育》，生活·读书·新知三联书店2006年版。

这段话比较充分地反映了我国普遍进行文化素质教育的原因和内在动机，它说明了人文素质教育的文化公共关怀功能，所以，文化素质教育从大处看关乎国家民族的前途未来，从具体细微处着眼则与人的综合素质构成有关，涉及情感与价值取向、科学精神、科学知识与科学技能等问题。或可改变封闭、狭隘的内心，进行"心力"的换回，用独立自觉的文化判断去调整教育传统等，这都是人文素质教育的功能所在。而具体到大学生，人文素质教育都将在协调个体与社会、明晰思想和知识以及醇化素养和能力等方面实现它基础培养的功能。

## 一、明晰思想和知识

知识传授与思想倾向是不能分解的。也就是说，单纯的知识传授不能决定知识使用的方向，因此人文素质教育的功能也在于明晰思想与知识的分合关系。对于每一个个体来说，知识的获得需要记忆和一定的身心感受能力和思维能力，而思想的获得则源于自由的愿望、自我意识的强度和群体社会的责任观念。在思想和知识之间有时会产生矛盾。知识具有客观性，随着人类认识水平的逐渐提高，知识的面貌日益更新。过去认为是对的知识，由于时间、空间和人类研究能力和手段的提高会发生变化，比如从普通物理学到量子力学，再到宏观物理学；有时甚至是本质的变化，比如从"地球中心说"至"太阳中心说"，再到今天的"婴儿宇宙"假想理论。尽管有这样的变化，但不能否认知识具有相对的客观性。

人文素养则不同。人类的一些思想和愿望，包括人类历史上某些产生深远影响的思想、对人类无限肯定、给人们以信心的思想，其实可能是错误的。放在历史的层面就会发现，在思想和知识之间，人类的前进道路是在鲜花和荆棘丛中走到今天的，思想和知识也都是处于发展中的，需要细致地剥离缠绕其中情绪的、感性的认识，看到二者统一和矛盾的方方面面，才能为今天的思考服务。

首先，知识体现为一种结果，它为思想提供依据，而思想是一种思维和判断，它要反思知识的面貌、评价知识的水平和意义。人文素质更多的是为探求知识提供原动力，为恰当的思想提供人性的标准和思维的基础要素，包括自由倾向、感觉能力、逻辑能力等，人文素质教育的深化有助于在不同方面促进二者的发展。对于知识提高来说，人文素质的培养将注重思维能力、求异能力、抽象能力等，在思想培养上，人文素质教育将发展人类的判断力、批判力和反思能力。

其次，人文素质教育还有助于提高思想的水平和寻求知识的能力，明晰二者的不同作用。在人类历史上，思想仿佛灯塔，指引着人类前进的方向，包括知识寻找的方向，而人文素质教育将在人文的意义上强化这一观念，特别是自由的观念，这样努力的结果是拉回知识的地位，避免理性知识对人类的幸福造成伤害。

总之，在人才培养中，人文素质教育有助于一个人的全面成长，从人性深处出发的自主意识、求异的反思思维模式、感性的判断力都将有助于一个人思想、素养的提高，促进个体与社会的协调发展，也促进知识和思想趋于完善。

## 二、醇化素养与能力

醇化，是使之更纯粹，达到美好而圆满的境界。作为人生修养的人文素质教育，对自我发展，特别是处理素养与能力的关系具有相应的功能。在此，如何醇化素养与能力，是需要思考的一个问题。要达到醇化，就要在素养和能力之间协调到最佳境界，对于一个人来说，有素养未必有能力，有能力也未必素养非凡，因此，醇化好二者之间的关系就显得特别重要。

首先，单纯的知识教育有可能使受教者拥有非凡的能力，但是这并不意味着其素养很好，相反，若仅仅单一地强调素养，也容易走向精神领域的超越和玄想。恰当的人文素质教育，应有助于受教者协调平衡素养与能力的关系。这里的素养特别是指身心修养方面的人文素质，也指在人类精神生产产品方面的修养，尤其是在今天大力强调科技理性的时代，要加强人文理性的关怀，比如对理想、价值观念、美的追求等的关注。从具体形态上说，比如艺术、音乐、绘画等，在人才培养中，要把综合素质的熏陶与知识教育结合起来进行，避免人才结构的单一化，也要避免人才培养的单面化。

其次，在人文素养方面，进行更加细密的培养，能够更好地醇化人文素养与能力的关系，要向人文要素的深处开掘。比如，音乐训练不仅是要对受教者进行音乐作品本身的感受，而且更是在这一训练中培养感受能力；文学素养教育也不仅是为了培养受教者去阅读和写作，更是要培养阅读者在阅读和写作中的精神提升。能力是人的整体感觉，在进行人文素养训练中，从表层看是在进行具体的精神产品形态的熏陶，深层则是对蕴含在这些产品形态中的思维方式、认识方式、价值观念和感觉方式的培养，而这些方式将成为能力转化的内在动力。

最后，人文素养有助于生活面貌的改变。在此基础上，将会大大提升人们认识的敏感性，影响人们对生活方向的选择，从而转变其能力提升的前进方向。特别是在人文科学、社会科学与自然科学研究的不同领域，人文素养会有助于主体把握能力努力的正确方向。比如人与自然的关系，过去强调人征服自然、改造自然，造成了大量的生态失衡，但是近年来，人们努力的方向转向了环保领域，开始修补自然。这一认识的转变，表层看是人类对自然灾害的反思，认识到了人对自然破坏的危机，深层看却涉及人与自然关系的改变，中国传统的"天人合一""人与自然相协调"等观念开始苏醒。这都是人文素养所关注的内容。

20世纪五六十年代的英雄人物马永顺是新中国第一代伐木工人。20世纪50年代他创造了"流水作业法""安全伐木法""四季锤锯法"等方法，大大提高了木材的采伐水平，这使他成为英雄人物，甚至被写入全国手工伐木作业教科书，但是，伐树所造成的荒漠化使得他的晚年充满负罪感。1991年，他已78岁高龄，为了完成补栽一生伐掉的约36 000棵树，他带领一家三代15口人，到荒山坡上营造义务林，终于完成了夙愿。直到1999年，他带领全家共义务植树5万多棵。这个事例说明，人文素养教育是时代所需，同时它的补充也使人获得了完善的幸福体验，这一事实是醇化素养与能力的良好例证。

# 第五章　大学生人文素质全面发展研究

大学生人文素质教育的全面发展是高等院校开展人文素质教育课程的出发点和落脚点。笔者重点从加强大学生的道德素质、心理素质、美育素质、科学素质四个方面进行论述，另外还阐述了高等院校应该从哪些方面加强大学生的人文素质教育。

## 第一节　大学生心理素质教育

心理素质虽然不易觉察，但是它与我们的身体健康、生命安全息息相关。现在，随着快节奏的生活和各方面压力的加大，许多没有经历过挫折、心理素质不好的学生往往在面对困难时会采取极端的方式。

### 一、高等院校实施心理素质教育是时代的需要

当前，大学生在人际关系、学习、就业等方面的心理问题已经十分突出。不论是时代发展、素质教育、人才培养还是德育工作，都必须加强心理素质教育。应鼓励教师学习相关知识、开展学科研究、丰富教育内容。应在社会上建立专门的教育机构，发动社会各方力量以全面推动和实施心理素质教育。

### （一）时代发展的需要

改革开放给我们的经济发展带来腾飞，同时，社会有了新的特征，即"三高"——高科技、高竞争、高效率。这"三高"要求人们工作效率更高、竞争更激烈，同时也意味着人们要以更快的节奏去面对生活，这要求人们的心理素质要更加强大，才能承受这种快节奏下的压力。

### （二）素质教育的核心

换句话说，素质教育就是要求学生德、智、体、美、劳全面发展，1993年2月，中共中央、国务院印发的《中国教育改革和发展纲要》指出："全面提高学生的思想道德、文化科学、劳动技能和身体心理素质，促进学生生动活泼地发展。"心理素质不是全面发展里某一个片面的素质，它对其他素质的发展也有着重大影响。例如，学生的学习成绩会受其本身心理素质高低的影响，学生的心理状况也会影响他们的学习态度和面对困难时的心态。所以心理素质对学生的健康成长有着至关重要的决定作用。

### （三）人才培养的要求

我国已经进入知识经济时代，对所需要的人才提出了更高的标准，更重视人才的心理素质是否过关，以满足高速发展的经济的需要。所以我们除了传授学生专业知识，也要注重对学生心理素质的培养，让他们懂得如何承担压力、化解压力，使其满足时代对人才的需要，为社会主义现代化建设培养优秀的建设者和接班人。

### （四）德育工作的补充

心理素质教育也是德育工作的一部分，但是一直以来被人们所忽略。心理素质教育能帮助学校了解学生的心理，了解其需要，学校就能有目标、有针对性地开展德育工作，进一步提高工作效率。此外，优秀的心理素质和良好道德的形成会相互促进、相互作用。

## 二、大学生良好心理素质的界定

近年来，一些高等院校通过对学生心理素质教育理论和实践的不断研究，逐步认识到对于心理素质教育应该采取"防患于未然"的态度去采取措施，不能等到学生已经有了心理健康问题之后才去对其进行关照，而是应该在平常的教学工作中就有意识地提高学生的心理素质。然而，这仅仅针对的是大学生心理素质教育观念上的一种创新，对于心理素质教育的目标，即大学生怎样才算是具备良好的心理素质，以及如何开展心理素质教育，仍一直缺乏系统的界定和深入的探讨。笔者结合多年的教学工作经验和理论研究工作，对良好的心理素质标准给出了描述性的框架。

### （一）保持学习的兴趣

具有良好心理素质的大学生能保持对学习、研究较浓厚的兴趣，有快速处理信息、数据、知识的能力。正常的智力是人进行一切活动的基础和前提，学习是学生的主要工作内容，但是只有心理素质好的学生才能克服学习中的困难。在兴趣的基础上我们还要进一步培养大学生的能力，因为知识经济使知识信息传播手段发生了改变，知识更新周期更短。知识经济正在逐渐取代以往的资本经济，在世界经济发展中所占的比重越来越大，所以更应该培养学生利用知识进行创新的能力。

### （二）具有正确的自我意识

自我意识是指学生对自己的认知以及自己与周围事物关系的认知，对于心理素质好的学生来说，他们的自我意识则更加清晰，能清楚地了解自己，做自己力所能及的事情，也不会妄自菲薄。挫折包含挫折源和挫折感受，大学生出于内在或外在需要，有了比高中生更深、更广的要求，遭遇各种各样的挫折的机会也会随着目标的提升而增加。心理素质好的大学生碰到挫折时能更好地分析现状，寻找适合目前情况的最优解，化挫折为奋斗的动力。

### （三）能协调与控制情绪

情绪对人的健康、工作效率、人际关系等都有影响，愉快和乐观的情绪能给人带来积极的影响，让人对生活充满希望，以一个乐观的态度去对待事物。即使出现悲伤、失落等消极情绪，只要能积极有效地调节，都是心理素质较好的表现。心理素质好的学生，能对自己所处的环境做出客观的评价，及时调整自己消极的心态，和社会保持一个良好的接触关系，使自己的行为与社会的需要达成统一。

### （四）保持和谐的人际关系

意志是指人有选择地做出最终行为的心理过程，坚定的意志表现为个人在自觉性、自制力等方面都有较好的表现。对于大学生来说，拥有较好的心理素质，他们就能在遇到问题时理性处理，及时控制自己的言行举止，而不是凭本能、冲动地做出选择。此外，人际关系的好坏也能反映出一个人心理素质的高低，心理素质好的人更容易和他人和平相处，给予别人关爱，接受别人的善意，并有较高的集体荣誉感，能共同协作办事。

以上提及的这四项要求顺次提高，其中，保持学习的兴趣是对一个大学生的最基本要求，也体现了高等院校为国家培养人才的初衷。同时，学生时代是大学生踏入社会前的最后一次准备，也是一个充分的积累过程，因此它起着承上启下的关键性作用。在这个过程中，除了学习知识，对于未来的规划、对于挫折的正确态度都是至关重要的。随着知识经济的大发展，无论是在学校还是在社会工作中，团队协作都越来越重要。因此，对大学生协控能力和自我解压能力的培养就成了更高层次的要求。最高目标就是要培养大学生优良的意志品质。

## 三、大学生心理素质教育目标

学生心理素质薄弱已经成为当代高校教育中的一个不容忽视的问题，向心理素质教育亮了红牌。学生心理素质状况，关系到高等院校学生素质教育的发展。加强学生的心理素质，保证学生的心理健康，是高等院校工作的重中之重。

## (一)树立明确的大学生心理教育目标

心理素质是在先天遗传的基础上,受后天教育和外部环境影响而共同形成的,包括人的智力因素和非智力因素,所以对大学生进行心理素质教育并不是一件轻松的事情。就当前而言,要想提高大学生的心理素质,就得让大学生形成正确的三观,培养他们的抗挫折能力。

第一,帮助学生树立正确的三观和理想。帮助大学生树立正确的三观和理想是开展心理素质教育的基础和前提,只有树立了正确的三观和理想,大学生才能产生学习的动力,主动面对问题、解决问题。在对大学生进行心理素质教育时,要让他们把自己的理想和学习相结合,这样正确的三观才能对他们的生活起到调节作用,保证他们的心理健康。

第二,培养学生的自我调控能力。大学生对自我情绪的调控能力,是他们心理健康的重要保证。每个人的抗压能力都不相同,如果大学生遇到一点问题就难以自我调节情绪,意志崩溃,非常不利于他们的心理健康。所以在大学生遭受挫折时,我们要给予他们正确、积极的引导,帮助他们认识挫折、走出挫折,培养他们的抗压能力,让他们从挫折中吸取经验,化挫折为动力,下次出现类似的情况时能自我调节情绪,走出困境。

第三,培养大学生良好的性格。性格能反映一个人的心理情况,培养学生良好的性格是人类教育的目标之一,良好的性格有助于学生在以后的生活和工作中更容易被他人接受以及接受其他人或事物。大学生正是处于性格发展的关键时期，任何外部事物都有可能会影响他们性格的形成，所以学校在这时要寻找合理的途径，科学地培养大学生的思想道德素质，增强学生的心理素质，尽可能引导学生积极向上发展，让学生形成阳光、乐观的性格。

## （二）大学生心理素质教育途径选择

选择一个好的心理素质教育途径对提高大学生的心理素质教育有着非常重要的影响。根据我国目前高等院校大学生心理健康的实际情况，可以从以下几个方面改进：

第一，为学生创造良好的校园文化环境。大学生的心理健康成长会受到校园文化环境很大的影响，良好的校风、正能量的活动、干净整洁的学习环境都会直接或间接地影响大学生的心理健康。一个好的校园文化环境会在无形中对学生进行熏陶，并激励学生好好学习，减轻学生的心理压力，形成良好的心理素质。

第二，为学生创造良好的人际关系环境。人际关系的好坏往往反映了一个人的心理健康状况。心理研究表明，人对于人际交往活动中产生的爱、关系等的需要不亚于他们对食物的需要，如果只有物质上的满足而没有精神上的满足，人就会产生心理意义上的营养不良。对年龄尚小的大学生来说，和谐的人际关系能帮助他们获得他人的认可和尊重，引导大学生树立健康的心理状态。所以，高等院校应该多鼓励学生进行合理的人际交往，并组织相关的交往活动，锻炼学生的人际交往能力。

第三，充分发挥心理教育课程的引导作用。许多高等院校都开设有心理教育内容相关的课程，但是许多课程都流于形式，没有真正对学生起到引导作用。所以高等院校要充分重视心理教育课程，发挥其与学生沟通的桥梁作用，通过一系列科学的教学方法，让学生认识到自己的心理状况，有不好的情况以便及时调整，进而提高学习效率。此外，还要注意培养学生乐观、积极、独立自主的心态。

第四，学校积极开展心理咨询活动。高等院校心理咨询是维护大学生心理健康的有效途径。高等院校心理咨询（中心或办公室）是学校心理健康教育的特设机构，咨询人员对于求询大学生从心理上进行帮助，其目的是帮助大学生纠正心理上的不平衡，改变原有的认知结构和行为模式，以提高大学生的社会和学习适应能力。学校心理咨询的形式多种多样，有个别咨询、群体咨询、电话咨询、心理咨询等。咨询的内容涉及大学生生活的各个方面，如大学生的入学适应问题、人际交往问题、早恋问题等。实践证明，心理咨询是消除大学生心理困惑，使大学生走出心理误区，维护其心理健康的有效途径。

目前来看，学校内部的心理咨询是学生最有可能接触到的了解自己心理健康情况的渠道，所以高校要特别重视心理咨询机构的开设情况，多开展心理健康调查活动，帮助学生维持自己的心理健康。学校心理咨询的形式多种多样，但重点是解决学生的人际交往问题、情感纠纷、学习压力等问题。在进行心理咨询时，要注意保护学生的隐私。

## 四、提高大学生心理素质的有效途径

要想让学生拥有良好的心理素质，需要学生、家庭和学校，以及社会的共同努力。就学校而言，应该竭尽所能对大学生进行心理素质教育。

### （一）重视并开展心理健康教育

心理健康教育是为了促进学生心理健全发展而开展的，这是一系列有组织、科学的对大学生进行心理影响的教育过程。要想这个过程能顺利进行，高等院校得对学生的心理健康教育有个清醒的认识，要从学生的角度出发，增强其自我教育能力，维护学生的心理健康，预防学生产生心理疾病。学校对此可以开设专门的心理健康知识讲座和一系列的心理健康宣传活动。

### （二）积极开展心理咨询活动

心理咨询是运用理论的、科学的、系统的方法给咨询对象以帮助，解决他们心理疑惑的过程。心理咨询具有补偿性、指导性、调节性功能，这决定了它在维护大学生的心理健康过程中起着不可或缺的作用。高等院校开展心理咨询活动，必须让负责心理咨询的教师系统地学习专业的心理学知识和技巧，能冷静、客观、科学地对遇到的心理问题进行分析和建议。此外，学校还必须认识到心理咨询不是安慰的作用，而是让学生正确看待自己面临的问题，积极主动地参与到解决问题的过程中。

### （三）加强个性化的心理素质教育

个性是在一定的社会环境下形成的个人品格，是一个人与他人区别开来的独特之处。个性化心理教育是为了健全大学生的个性心理，既对大学生本人的全方面发展有着积极意义，又能满足当前社会对人才的需要。所以在对大学生进行心理素质教育的过程中，也要注重个性化的心理健康教育模式。

### （四）重视并引导学生进行心理训练

心理训练是指通过外部指导和训练来对自己的心理状况进行自我调节的训练，这种训练是个体与外部环境进行信息、能量交换的过程。在这个过程中，自身越积极、主动则自身的发展就会越完善。引导学生积极进行心理训练，有利于学生增强自身的心理素质。引导学生进行心理训练要从三个方面入手：一是要引导学生一分为二地看待事物，学会自我剖析。二是要引导学生学会自我调节，利用客观条件来调整自己的心理状况，提高自己的心理素养。三是要增强学生的自我构建意识，鼓励学生进行自我完善。

进行心理训练的方式多种多样，总的来说，心理训练是为了增强学生的心理素质。心理素质的培养又涉及多方面，学校对此应给予重视，促进学生的德、智、体、美、劳全面发展。

# 第二节 大学生美育素质教育

## 一、美育对大学生人文素质教育的意义

实施素质教育是为了全面贯彻党的教育方针，提高国民素质，为社会主义现代化建设培养德、智、体、美、劳全面发展的社会主义接班人。实施美育对大学生来说，不仅能陶冶学生的情操，提高他们的文化素养，还能促进他们的全面发展。所以，美育对于素质教育来说有着重要意义。

### （一）美育是人文素质教育的重要组成部分

对于大学生来说，他们应该具备思想道德素质、身心素质、审美素质、文化科学素质、劳动技能素质，其中审美素质指的是培养正确的审美观念和健康的审美情趣，提高审美感知力和丰富审美创造力。审美素质是素质教育不可缺少的部分，即提高审美素质，可以通过美育来实现。

美育又叫审美教育，是一种感性教育和趣味教育，能促进大学生人格的完整形成，是培养完整人格的一种教育形式。它既能培养大学生对美的感受力，又能让大学生树立正确的审美观念，陶冶生活、美化生活。美育和德育、智育、劳技教育等虽然有联系，但是也有着本质区别。

德育是在规则中对人起到激励、升华的作用，是有目标地调整和规范人与外部社会的关系。智育是通过对人系统化的培养，让人掌握文化知识，注

重人与自然的关系。体育是通过运动形式让人拥有健康的身体，侧重的是人与身体的关系。劳技教育是指有意识地培养学生的生存能力，注重的是人与社会的关系。美育则是通过培养人们的审美能力来提高人们创造、欣赏美的能力，注重人与现实的审美关系。美育相比其他几个"育"有自己的独特之处，理所应当成为素质教育的一部分。

## （二）美育是实施素质教育的基本路径

第一，以美辅德。人的思想素质的提高，可以通过德育来提高，但是思想品德教育也应该对学生起到潜移默化的影响，这时美育就能发挥作用。以美来引导学生向善，通过审美来帮助学生懂得善、恶、美、丑，通过美育来帮助学生树立理想。例如，一首积极向上的，融合了爱国主义、集体主义的歌曲，就能净化大学生的心灵，激发学生对美的热爱，从而实现道德的内化。

第二，以美益智。美育能够促进智育，通过美育，可以培养大学生对学习的兴趣，开阔学生的眼界。美育在各学科中都有所体现，可以通过给学生美感来诱导学生去发现美，在这个发现美的过程中掌握知识，从而提高大学生的文化素质。

此外，美育还可以培养学生的动手、动脑能力，丰富学生的想象力，提高学生的观察能力，充分挖掘学生的潜力，培养学生的创新精神和实践能力，从而促进科学的进步。

第三，以美健身。体育注重的是"身"的锻炼，美育则注重"心"的调整。通过审美教育，人的自我调节功能会得到增强，让自己的心情处于一种放松的、愉快的状况,与体育相协调,保持人的身心健康。此外,美育还可以在体育训练中发挥对美的追求,让人追求健美。

第四,以美促劳,提高大学生的劳技素质。美育具有自由性,大学生都乐意接受。在潜移默化中帮助大学生认识劳动本身的审美属性,从而使他们明白劳动是创造快乐人生的起点,是创造美好生活的源泉,是人们生存于世界的最为神圣的活动,有助于大学生清除轻视劳动的思想。人们在劳动过程中,认识和改造了世界,显示了人的本质力量,这本身就是美。美育还能够帮助大学生体验劳动成果的审美价值,在分享参加劳动的喜悦中,劳技教育达到了科学和艺术结合的境界,使学生充满着创造的智慧和欣喜,感受到精神的满足和享受,树立了热爱创造美的劳动的情感。在劳技教育中渗透美育还有助于提高大学生的承受能力和社会适应能力,进而培养他们的创造精神和实践能力。

为了让大学生明白美育在整个人才培养教育中的作用,就应该在推行素质教育的时候始终坚持美育,这样才能为社会主义建设培养更优秀的建设者和接班人。

## 二、高等院校加强美育素质教育的价值及其实现途径

"美是人类提高自己和超越自己的一种社会机能。有了这种机能,人就能够从野蛮走向文明,从单纯的自然存在走向自觉的、有意识的精神存在。美是人类精神文明的结晶,它提高人的精神修养和精神境界。"审美教

育通过自身的感染力和吸引力来吸引学生的兴趣，使学生在被熏陶的过程中逐步培养逻辑思维能力。所以说接受审美教育对学生的全面发展有重要意义。

### （一）审美教育在人文素质教育中的作用和价值

第一，审美教育有助于学生智力的发展。蔡元培先生将普通教育的目标归纳为"养成健全的人格"和"发展共和的精神"，但是把美育作为国民教育的一大宗旨，认为"美育是一种重要的世界教育"。在今天看来，我们可以得知美育确实对智力的提高有着促进作用，而这种作用正因情感的碰撞形成。

大学生在艺术活动中，在美的刺激下，理性情感和感性情感相互碰撞，为创造提供了动力。此外，审美教育还能陶冶学生的情操，提高其审美能力，刺激右脑的发育，培养学生的思维创造能力。

第二，审美教育可以促进学生非智力因素的发展。审美活动是审美感性和德育理性沟通的桥梁，情感教育对理性教育又有着促进作用。列夫·托尔斯泰说："人们用语言相互传达思想，而人们用艺术互相传达感情。"[1] 我们可以从中看出美育其实传达的是一种感性的情感，而美育教育则是一种情感教育。

审美教育可以丰富人的精神世界，提高人的想象力，并促进学生的大脑、肢体协调发育，从而让学生得到全面的发展。美术是审美教育在群众中最具

---

[1] 托尔斯泰：《艺术论》，李天纲译，上海社会科学院出版社2017年版。

影响力的宣传、教育工具，能让人在对美的感受中接受教育，美化人们的心灵。此外，一些具有积极教育意义的影视作品也能让学生从中分辨美丑，懂得善恶，从而熏陶学生的心灵，让学生的内在和外在和谐统一。

第三，审美教育可以提高学生的创造能力。创造能力是人的理性思维和感性思维的结合物，它来源于人的情感、兴趣和需要。审美教育能给素质教育带来积极的影响，其中的重要原因在于它能激活学生脑海中未利用的资源，从而使学生的大脑进入一种放松的状态。换句话说，审美教育的作用就是解放学生情感的过程，在这个情感释放的过程中，他们所受到的束缚不断减少，从而保持大脑的活力，进而有助于学生非理性因素的发展。

黑格尔曾说："艺术又好像是一种较高尚的推动力，它所要满足的是一种较高的需求，有时甚至是最高的绝对的需要，因为艺术是和整个时代、整个民族的一般世界观和宗教旨趣联系在一起的。"[1] 从中我们可以看出，艺术的作用是进一步完善人的力量，诱发人的创造力，从而促进人的健康成长。

### （二）高校审美教育的现状和存在的问题

高校审美教育由于其独特的个性、创造性，在素质教育体系中表现得尤为突出。每个高校在教学方法、内容、形式上都有着自己的独到见解，在艺术课程上，学校的投入和重视程度也与其他学科课程有所不同。总体来看，高校在具体实施审美素质教育方面与国家规定的要求仍然存在差距，如普及面狭窄、课程开设不全面、美育课程没有与知识类学科紧密结合等。

---

[1] 弗里德里希·黑格尔：《美学》，寇鹏程译，重庆出版社2016年版。

### (三)高校审美教育应采取的措施

为推进高等院校审美教育的规范化和制度化,不断提高教育水平,应采取三个方面的措施。

第一,有效提高学校的管理水平。高等院校要建立完整的审美教育监督、管理体系,设立专门的管理部门对相关的工作进行规划、指导和组织,努力提高高等院校的管理水平,使审美教育逐渐融入高校的日常管理中。

第二,提高课程质量。在开展审美教育课程时,要注重课程质量,积极利用现有资源推动课程改革。此外,各高等院校还应该结合实际,努力为学生创造条件,合理开设各类艺术课程,满足学生对艺术发展的需求。加强对本校审美教育的研究,规范审美课程教学。

第三,提高师资水平。高校教育不同于基础教育,学生这时已经具备一定的思考判断能力,自我意识逐渐增强,所以高等院校在进行审美教育时,需要聘请具有专业教学能力、懂得美、有正确审美观念、爱岗敬业的老师,增强学校的师资力量,从而提高课程的教学质量,完成对学生的审美教育。

正确的审美观念能让学生更好地认识世界、改造世界,并且有助于建设社会主义精神文明。

## 三、美育在高等院校素质教育中的运用

美育是指受教育者系统地接触和欣赏各种类型美的事物,懂得美的含义,学会发现美,用心去感受美,并对美有自己的理解,然后创造美,从而进一

步提高自己的艺术修养和情操,促进自身的全面发展。在素质教育中,美育相对其他教育有不可代替的功能与作用,对提高学生素质,促进身心发展起着积极的推动作用。

## (一)以美辅德,提高大学生思想道德素质

苏联教育家苏霍姆林斯基说:"美是道德纯洁、精神丰富和体魄健全的强大源泉。"[①]美育能促进人的理想形成,能激发爱国热情、培养高尚道德品质、促进心理健康和个性发展。

美育是以个人爱好的形式,让大学生在快乐中接受教育,能让学生拥有更高的自觉性和积极性,在审美教育中认识什么是美,激发人的个性,并帮助其发展。美育活动主要是通过形象思维来展示,我们又称为情感陶冶工作。教育人需要动之以情、晓之以理。美育是以情感人、以情动人,对学生进行思想品德教育,促进学生健全人格的形成。许多优秀的文学艺术作品起到了教育引导作用,像《刘胡兰》《甲午海战》等影视作品就会对学生理想的树立、高尚品德的形成产生积极影响。这些优秀的文学艺术作品以它的人物美、思想美、行为美、精神美、事业美鼓舞着学生奋发向上,教师进行引导,从而增强了学生对真善美、假丑恶的分辨能力,激发其爱国热情,提高其政治思想和道德理想水平。

---

① 苏霍姆林斯基:《帕夫雷什中学》,赵玮译,教育科学出版社1983年版。

## （二）以美益智，开发大学生内在潜能

国外科学家早在100多年前就已证明人的大脑左右功能各有不同，只有把左右大脑的功能全部开发，这个人的智力开发才算均衡。但是现在各高校只有少数几门课程涉及左右脑开发，擅长于创造的右脑半球的特殊功能被人忽视，而美育正是开发人的右脑的教育。美育有利于左右脑的协调发展，使人的智力得到充分开发。

在素质教育中，美育可以激发大学生学习兴趣，变苦学、厌学为乐学，提高智育效果。在审美活动中，通过对自然美、社会生活美和艺术美的欣赏，又能激发大学生的学习兴趣，让其化被动为主动去获取科学知识，培养学生的观察力、想象力和实际操作能力，进一步促进大学生的知识结构完善，达到提高文化素质的目的。

## （三）以美健体，提高大学生身体素质

人们的审美追求，决定着对形体美、动作美的需求，这是大学生主动发展和进行体育活动的动机、持久性的源泉。美育能促进体育的发展。

体育是健与美的结合，它可以使人体魄强健、精神愉悦，还可以锻炼意志，增强毅力。体育活动内容丰富多样，有武术、游泳、跳水等，这些体育活动中蕴含的体态美、动态美都是美育因素的体现，美育因素有助于大学生体育运动的开展，使其增强身体素质。

### （四）以美育人，培养创新型人才

未来的社会需要创新型人才，在 21 世纪人才培养中，美育具有十分重要的作用。美育是提高大学生审美素质的重要一环，人们对美的追求会刺激科学的创新。美育和创新之间互相作用、互相成就。若从对创造力有重大影响的"动机因素、智力因素、个性因素"三大因素来看，无一不与审美修养有关。

人们对美好事物的渴求、丰富的美感修养，可以强化人们探求未知的动机。右脑半球的幻想、联想、直觉悟性需要文学艺术的长期熏陶，对美的直觉、爱美的情操、对美的兴趣爱好、特长的培养都需要多种美的形式来实现。因此，在素质教育中只有重视美育，重视创新人才的培养，才能大大提高大学生的素质。

## 四、高等院校推进美育素质教育的方法

没有美育的教育是不完整的教育，没有艺术素养的人是不完整的人。可见，美育教育在高等院校教育中占有非常重要的地位。特别是在推进素质教育进程的今天，美育工作薄弱的高等院校更应该花大力气，通过让学生感受美、鉴赏美、创造美来夯实大学生的艺术素质基础，激励大学生进行美的创造。

## （一）构建美育工作网络，强化美育意识

加强队伍建设，强化教师的美育意识。教师是实施教育的主体，只有全体教师，特别是艺科教师明确肩上的责任，才能发挥其聪明才智，最大限度地为艺术教育贡献力量。构建学校美育工作网络，让艺术教育落到实处。意识的强化、网络的构建，保证了学校美育工作朝着健康、有特色的道路前进。

## （二）加大美育软硬件投入，优化美育环境

美育工作的目的是提高学生艺术修养，让学生能发现美、感受美，最终创造美。高校要想更好地开展美育工作，就得提供一个软硬件设施完善的美育工作环境。只有在这样的环境下师生才可能有创造美的冲动和想法，进而塑造完整的人格。

各高等院校要加强硬件设施建设，做好美育工作的基础，以确保美育工作的正常开展。画板、写生台、素描模型、写生画室等硬件设施，将为学校艺术教育及艺术活动的开展奠定坚实的基础。

抓校园文化，营造美的氛围。美的教育不仅要靠课堂、靠活动，而且要靠校园文化建设的潜移默化。通过文化景点、绿化、美化、香化来营造美的氛围，让学生接受美的熏陶。

抓"软件"建设，落实美育教研，定期开展教研活动，注重教学常规。在教学工作中，搞好常规教学是前提，它是保证教学能正常进行的行之有效的规范要求。因此，要狠抓工作的落实，按照学校制定的教学大纲，根据具体情况完成教学工作，并注重教学中知识结构的完整性。

### （三）注重普及和学科渗透，提高美育效能

美育教育坚持学科渗透和大面积的艺术教育的普及工作，强调全体大学生接受美的教育，以提高美育效能。通过艺术教育及活动，推进高等院校素质教育工作。

全体教职员工都应该成为美育工作的传播者和实践者，在教学过程中对学生进行美育思想的传播，让大学生在学习科学文化知识的过程中感受美、欣赏美，激发美的创造欲望，从而创造美。学校艺术教研室每周均要对部分教师、部分学科的美育渗透工作进行督导和检查；每月举行一次学科美育渗透的教研专题会议，研究美育渗透的方式和方法；鼓励教师主讲学科美育渗透教研课，每学期评选优质学科美育渗透课，并与教师基本功过关和年度考核挂钩。

## 第三节　大学生科学素质教育

### 一、大学生加强科学素质教育的重要性

在全社会大力加强社会主义精神文明建设的过程中，各高校的基础文明教育工作也颇有成效，但是随着时间的流逝和对"素质教育"的进一步研究，人们也发现基础文明教育的现状是"学生该干啥干啥"。这样的结果，引人深思。

基础文明教育要想取得成效，既要加强校风管理，又要加强学生的科学文化教育。

### （一）科学文化素质教育是基础文明教育的根本

从实际情况来看，大学生的基础文明教育难以取得让人满意的成果的关键在于这种教育形式只是对以往知识的枯燥重复，没有从根本上改变应试教育带给学生的负面影响。

比如在考试中出现的作弊现象，这既反映出学校的管理工作需要加强，又反映了学生的浮躁心理和学风的不正。作弊行为体现的是学生对知识的不尊重，对科学精神、科学态度的严重缺乏，而这些正是人文素质低下的重要体现。

现在，许多高校对作弊行为都有严格的处罚，甚至抓到一次直接开除学籍，但是作弊现象仍然屡禁不止。要杜绝这种现象，必须提高学生的人文素质。

基础文明教育就是纪律教育和道德教育，但是如果没有科学素养，基础文明教育就是养成教育，难以让学生主动去学习，主动去探索科学的真谛。科学精神要求我们尊重客观规律，从实际出发，强调实践的重要性，这也正是纪律教育和道德教育所强调的内容。所以要想使基础文明教育有所成效，就得提高学生的人文科学文化修养。

### （二）科学文化素质教育是社会发展的需要

人们一向认为高等院校是培养专业人才的地方，学生自然也是拥有较高科学文化水平的群体，所以主要向学生传授科学文化知识，而忽略了科学文化素质的培养。但是社会发展对学生综合素质的要求越来越严格，因此需要加强学生的科学文化素质。

首先，个体素质可以分为三类，即身体素质、心理素质和文化素质。这三者相辅相成、相互联系，对人的整体素质的培养都发挥着重要作用。在这三者中文化素质最为重要，它由科学文化素质、思想政治素质、道德素质、能力素质四者共同构成。在这四者中，科学文化素质是其他三者的基础。所以高等院校学生的素质教育要以科学文化素质为中心，带动其他素质的发展。学生拥有良好的科学文化素质，就能以正确的三观和方法论去看待事物，看待自己的成长道路，且会在社会竞争中具备更强的竞争力，更好地实现自身价值。

其次，人们教育观念的功利性也导致学校教育的片面化，人们只重视能给他们带来利益的知识，而忽略他们认为不重要的知识，这也导致一些理工科学生缺乏人文素养，而文科学生的想法又容易脱离实际。

最后，在现代科学的不断发展中，许多学科都相互关联、交叉，学科与学科之间的联系越来越密切，尤其是人文科学学科和自然科学学科相互交融的趋势越来越明显。社会现在需要的是复合型人才，所以高校教育要立足时代需要，改变传统的教育理念，加强科学文化教育，培养符合时代需要的人才。

### （三）加强学生科学文化素质教育的途径

第一，转变教育观念。教育的使命已不仅仅是使学生学会知识，它既应提供一个复杂的、不断变动的世界地图，又应提供有助于在这个世界上航行的指南针，使学生学会在一定的环境中工作，不仅获得专业资格，而且从最广泛的意义上讲，获得能够应付突发情况和集体工作的能力。这种能力不仅是实际动手能力，而且包括处理人际关系能力、社会行为、集体合作态度、主观能动性、交际能力、管理和解决矛盾的能力，以及敢于承担风险的精神等综合能力；学会共同生活，培养在集体活动中的参与和合作精神，以便与他人一道参加活动，并在这些活动中进行合作；最后是学会发展，教育应当促进每个人的全面发展，即身心、智力、敏感性、审美意识、个人责任感、精神价值等方面的发展，应当使每个人借助所受的教育，形成一种独立自主的、富有批判精神的思想意识，以及培养自己的判断能力，以便由他自己决定在人生的各种不同阶段他认为应该做的事。

切实搞好科学文化素质教育的根本就是转变教育观念，而转变教育观念的关键在于校长和各级领导的重视。没有领导观念的转变，就不可能有高瞻远瞩的决策、切中时弊的措施以及学校教务、学生工作、后勤等部门的协同作战，综合素质教育也就不可能有真正的突破。

第二，改革高等院校课堂教学。高等院校课堂教学是学校教育的主阵地、主渠道，大学生科学文化素质教育也不例外。然而，我国高校长期以来相同的专业实行统一教学计划、统一教学大纲、统一教材，必修课多、选修课少，专业课多、通识教育课少，分析课程多、综合课程少，理论课程多、实践课程少，造成了培养的人才类型和规格单一，既违背了知识、个人与社会具有多样化的特点，也不能满足社会发展对大学生素质的要求。所以，必须进行课堂教学改革。

首先，要对教育模式进行改革，减少必修课，增加选修课，加强基础课。借鉴美日等国的经验，根据我国高等教育的实际，在高等院校开设文化素质修养课势在必行。文化素质修养课有思想政治类、自然科学类、社会科学类、人文科学类、艺术类、语言类、体育卫生类及其他众多课程，内容几乎包括人类在社会历史实践过程中所创造的一切物质财富和精神财富，特别是我国的优秀传统文化，对青年学生具有巨大的培养和塑造功能。

其次，要开设辅修专业，即在不延长学制又无须大量投入的情况下，使大学生受到本专业之外的另一专业的训练，拓宽专业知识。

最后，各科教师都要注意挖掘丰富的人文素质教育内容，并把它们渗透到课堂教学中去。在不增加课时的情况下，潜移默化地对学生的文化素质进行培养，这种方法说服力强、作用大。

第三，培养高素质的教师队伍。办教育、办学校，教师是主体；教学活动，教师是主导。因为教师直接面对学生，所以，高素质的教师在教学过程中不仅能把业务知识传授给学生，还能以正确的人生观、价值观、优良的思想作风、严谨的治学态度、科学的思维方法影响教育学生。因此，加强科学文化素质教育，促进学生综合素质提高，必须提高业务教师队伍的整体素质，使教师真正融传道、授业、解惑于一体，言传身教，为人师表。

培养高素质的教师队伍，需要学校和教师个人双方的共同努力。学校要为教师的学习、科研、进修提供良好条件，教师个人也要积极创造条件，不断提高自身素质。

第四，营造浓厚的校园文化氛围。一要积极举办有利于提高学生科学文化素质的系列讲座。二要大力开展社团活动、科技节、文化艺术节等校园文化活动，让学生在丰富多彩的校园生活中受到陶冶。三要加大经费投入，尽量改善教学、实验设备和更新补充图书资料，大力加强校园自然景观、人文景观设施建设，使学生尽早使用先进设备进行学习，尽早接触先进科学技术，并在优美的校园环境中启迪思想、陶冶情操、升华精神，提高科学文化素质。

第五，注重实践。实践包括科学实践和社会实践。科学实践主要是科学实验和科学研究，除了正常的教学计划安排外，还可以让学生积极参与教师的科研活动，以增加科学实践的机会，培养学生的科学精神、科学态度，锻炼思维，提高正确分析解决问题的能力。社会实践主要是社会调查和社会服务，它为学生了解、认识社会创造了条件，也为学生客观地认识、评价自我创造了条件，对学生的素质提高和成才具有重要意义。此外，按照当代科技及教育的发展趋势，深化高等教育改革，注意自然科学和社会科学结合，基础学科和应用学科结合，教学、科研、生产结合，也是培养造就高素质人才的重要手段。

## 二、高等院校加强科学素质教育的原则

随着现代科学技术重要性的逐步提升，未来将更加重视科学教育，以科学教育为前提。由于科学技术的飞速发展，科学素养的提高也越来越势在必行。科学上的许多重大发现，比如有关宇宙或者生物技术的进展，深刻地影

响人们看待自我的方式。社会发展客观要求人才的培养改变单一型的结构，全面提高大学生素质，那么在科学教育的学习中大学生要遵循哪些原则？

### （一）主动性原则

主动性原则是指学生在参与学习的过程中，积极地参与各项教学活动以达到提高科学素养的目的。

教育家杜威认为，学生要想获取经验，必须亲身体验。所以他主张学生要从实际生活入手，在实践活动中寻找解决问题的办法。在杜威设想的教学过程中，学生总是担任一个主动探索和解决问题的角色，体现出较高的主动性。

科学教育中的主动性原则要求以马克思主义理论为具体实践的基础，追求主动探索事物之间的联系，并以亲身体验来吸取新的知识，从而提高自己的能力。主动性原则要求学生在接受科学教育时做到以下几点：

第一，保持强烈的求知欲。对周围的事物保持强烈的好奇心，对不知道的原理耐心追问，积极观察，并一直坚持下去。

第二，积极主动参与。在接受科学文化教育时，要保持一个主动的态度去积极思考，敢于发表自己的观点、与他人友好合作，积极参与各种活动。

第三，主动负责。在科学探索的过程中，要懂得同学间相互包容和交流，允许存在不同的观点，在遭遇挫折时能够自我调节，遇事能够勇敢承担责任。

第四，学会自我反省。在接受科学素质教育的过程中，既要学会客观评价外部事物，又要学会自我反省。反思自己在整个过程中存在的不足和值得肯定的地方，不断寻找问题，实现自我完善。

科学教育与传统教育不同的一点是,科学教育更注重学生接受教育时是否能主动探索问题、主动学习。只有摆脱了单方面的被动输出教育,学生的科学素养才能提高。

## (二)独立性原则

独立性原则是指学生在学习过程中能够独立自主,具体表现为能独立地发现问题、思考问题、解决问题。

独立思考精神是科技素质教育的必备精神。只有具有独立思考精神的人才敢于向权威发起挑战、不人云亦云,只有这样才能让学生贯彻科学精神,为科技发展做出贡献。

科学家们非常重视科学活动中的独立性。爱因斯坦就曾指出:发展独立思考和判断的一般能力,应当始终放在首位,而不应把获得专业知识放在首位。拥有独立思考能力的人更能适应时代的变化。

学生在学习科学知识时坚持独立性原则,对其学习知识也有重要意义,能够独立思考的学生更容易取得成就。所以,在培养独立精神时,要注意以下几点:

第一,保持独立思考的能力。凡是有自己的见解和观点就说明已学会什么是独立思考。培根在《新工具》中曾讲过三种不同的学习方式:第一种是蚂蚁式的学习,只会搜集材料。第二种是蜘蛛式的学习,只会口中吐丝。第三种是蜜蜂式的学习,博百花酿出蜜来。不会独立思考,就像吃了东西不会消化。且独立思考时要保证辩证主义,不要片面考虑问题。

独立思考的又一标志是懂得发现问题、提出问题。对于科学学习来说，提出问题比解决问题更重要。从不同的角度看待问题，就会有新的发现。

第二，提高独立学习的能力。要想提高独立学习的能力，就得了解自己本身的调节能力，要对自己有个清晰的认识。比如，明白对于自己来说，什么样的学习方法和学习时间能提高自己的学习效率。

### （三）参与体验原则

参与体验原则，顾名思义就是要求大学生在科学教育中，积极参与各种学习和实践活动，并表现在发现科学知识、解决实际问题的过程中获得体验，从中学习和掌握新知识的一种积极倾向和主动行为。参与体验包括参与意愿、参与动机和参与能力三大要素：参与意愿指在科学认识活动中表现出的一种积极、主动的倾向性心态，以及强烈的求知欲、好奇心和探索精神；参与动机指对科学认知活动目的意义的认识水平；参与能力则指投入科学认识活动所需的各种适应能力。

在科学认识活动中，大学生具备积极、主动的参与精神十分重要。首先，科学教育的内容是以大学生生活中常见的事实或需要解决的问题为主。大学生学习这些内容，需要激发他们的学习兴趣与动机，产生参与体验的愿望。只有具备这种心理准备状态，大学生的学习才会自觉、主动，才会对学习产生强烈的兴趣和欲望，并在亲自参与体验的状态中，使科学认识与情感、兴趣、需要等心理因素有机地结合起来，成为一种真正有意义、有兴趣的学习。其次，体验学习也是使大学生产生探索、追求及创新心理的源泉。在参与活动的过程中，大学生往往会碰到各种新问题，并想搞清其究竟。这样一来，一个问题解决了，又会出现另一个问题，促使大学生不断探索，从中培养分析问题、解决问题的能力。最后，通过在科学认知活动中的参与体验可以使大学生学会实际从事研究的能力，包括问题分解、信息收集、资料汇总、分析判断等方法，以及如何处理这中间的人际关系、如何与人共事、怎样与有关方面打交道等，这些只有大学生在不断的实践中亲身经历，才能真正学到。

科学教育中坚持参与体验原则，要求大学生必须注意以下几点：

第一，树立角色意识和集体观念，学会参与。首先需要大学生在科学认知活动中确立角色意识和集体观念，认识到参与是一种合作，参与既有个体特定的目的要求，又有集体合作交往、共同完成任务的要求。要学会在群体活动中既有角色意识，又能服从合作的需要、集体的需要，具有在不同场合进行角色交换的能力。

第二，参与体验中对品质的培养。参与体验中要树立角色定位、对自己行为负责的观念，包括意志、毅力等品质的培养。科学认识活动从感知开始，在实践中可能会碰到各种问题与困难，需要坚持角色意识，对自己的行为负责到底。例如植物的栽培需要在温室里操作，大学生要在40℃高温的室内进行长时间的学习；又如在饲养小动物、了解动物的生长过程中必须有充分的耐心和忍耐力。尤其是碰到困难时更要注意调节低落、气馁、灰心、任性等情绪，通过意志、毅力坚持到底。只有真正做到这一点，科学实践的探索活动才能使学生真正有所收获。

### （四）实践性原则

实践性原则要求学生从理论转化为实际，必须亲手操作、亲自实践后获取知识，用科学的办法解决生活中遇到的问题。实践活动是科学教育中不可或缺的环节，实践性原则也是科学教育中提高科学素养最有效的途径。

科学教育是在社会、科技高速发展，对人的素质要求不断提高的前提下产生的，目的是培养学生具有与现代化社会相适应的科学观念、精神、态度以及科学探索和解决实际问题的能力。如果科学教育仅局限于传统的教学方式，学生只接触理论知识而不亲身实践，就无法准确地掌握所学知识，从而无法解决实际遇到的问题。因此，科学教育必须坚持实践性原则。这不仅有助于大学生掌握知识，培养能力，发展科学价值观，还有助于他们学以致用，及时将学到的科学技术知识和方法用到生活实际中，进一步巩固深化所学的知识，加深对科学教育价值的认识。

在科学原理的学习过程中必须坚持理论联系实际，学用结合。如果仅仅满足于了解科学原理和概念，就事论事地学习一些具体的实际操作方法，则无助于对科学原理的深刻认识与掌握。只有学用结合，用所学的科学原理去指导科学实践，多做一些与日常生活密切联系的小实验、小创造、小发明，以学指导用，又通过用来促进学习，才能有助于真正掌握科学知识，开阔思路，提高解决实际问题的能力。

实践活动是由大量操作组成的。在科学教育的学习中要求学生坚持实践性原则，必须注重大学生各种实际操作能力的提高，包括让学生学习使用各种实验工具,并了解其性能,具有动手制作的技能,有一定的工艺水平;会使用计算机、网络查找资料,获取信息等等。总之,科学研究中的各种操作技能如何,大学生会使用多少工具,是实践性原则能否成功运用的基础。

实践性作为大学生科学学习的原则,不能只局限于自然科学的实验室操作,还应包括更宽泛的内涵。在实验室中可以进行物理、化学、生物等学科知识的实验活动,但现代科技中的许多领域,如环保、能源、生态等需要在现实生活、社会乃至更大的范围内实践。实践性原则除了运用在具体的操作技术外,还运用在认知和心智技能上,具体的实践活动能提供观察、推理的思维过程,所以实践性学习一定会提高学生的科学素养。

## 三、课堂教学是科学素质教育的源泉

### (一)精心设计课堂结构,培养科学思维能力

教师传授知识的依据是教材,教材更侧重知识的理论性和系统性,不一定适合具体的科学实践。所以教师在备课过程中要根据教材,结合实际进行调整,尽可能在教学过程中激发学生的科学思维,培养学生的科学思维能力。

### (二)精心启发,培养科学探索能力

科学研究过程的实质就是发现问题、分析问题、解决问题的过程,也就是科学的探索过程。在教学过程中,教师主导作用的一个重要方面就是善于从教材内容和学生心理状态出发,采用各种方式设计富有启发性的问题,创

设探索的情境，激发大学生思考和探索的欲望，从而达到使其在获取知识的同时培养其科学探索能力的目的。

## （三）高等院校加强素质教育的方法

大学生科学课程是以培养科学素养为宗旨的。科学素养的形成是一个长期的过程，最开始的科学教育对一个人科学素养的形成具有决定性的作用。在对学生的科学教育中，我们应着重注意以下几点：

第一，激发学生科学学习兴趣。学习兴趣是学生科学素养培养的重要内容。兴趣是最好的老师，要以科学兴趣的激发作为切入点，通过科学探究将这种好奇心转化为科学兴趣，使之真正发挥科学学习的原动力。好奇心是人与生俱来的，要懂得呵护学生与生俱来的好奇心与求知欲。

第二，引领学生科学探究。在传统教育下，我们的科学教育枯燥乏味，教师教学照本宣科，采取"填鸭式""满堂灌"的教学方法，让学生依赖死记硬背蒙混过关。而科学探究过程一般包括：观察、提出问题、作出假设、制订计划方案、实施计划、综合分析、表达交流等。教师可以对学生的探究活动给予适当帮助、适时调控。

在问题情境阶段，教师要为学生创设具体的问题情境，引导学生观察并思考。在学生提出假设和实验方法时，教师要引导学生独立思考，把自己的想法记录下来，并将自己的观点在探究中进行交流讨论，验证假设是否正确。在学生探究出现困难和失败时，教师要及时引导和鼓励他们更改假设，重新实验。在发现、概括阶段，教师要鼓励学生在实验完成后根据观察的现象进行解释，并引导学生自己概括得出结论。

科学学习要以探究为核心，这是当前世界各国都提倡的。虽然科学探究并不是学习的唯一方式，而且对于大多数科学内容，学生不可能探究，不可能自主地发现进行建构。但实际上，学生围绕一定情境或问题主动收集资料的过程，也是一种探究式学习。因此，也应该提倡以主动积极的探究方式来学习大量的间接知识。

第三，利用现有条件开设课程。科学课程的实施，离不开充足的课程资源的支持。要充分利用学校的软件、硬件设施，特别要加强科学专用教室的环境建设，包括实验仪器、学校图书馆、校园网及其他教学设施。通过这些资源，激发学生学习科学的欲望。此外，教师应积极发布教学素材，如教学材料、实验方案、教学论文等，使之形成资源库，在一定条件下逐步实现资源共享。

此外，要敢于走出课堂，建立校外课程资源，例如河流、田地、各种动植物园、社区活动中心、街道等。每所学校都有自己独特的周边环境，因地制宜，开发和利用好校外课程资源，可以增加学生对科学的兴趣，为学生今后真正的科学探究奠定基础；也为学生提供了接触社会的机会，不仅增强了大学生的社会交往能力，培养了大学生的社会责任感，并且还推进了大学生科学素养的形成。

第四，提升教师专业素养。学校教师本身的科学素养会直接影响上课质量，决定是否能培养出符合时代需要的人才。目前，科学教师的专业素质不容乐观。首先是师资紧缺，由于教育界对科学教育的不重视，目前专职科学教师很少，仅占一成左右。其次是科学教师的工作量非常大。

高校科学是一门多学科、多内容的综合性课程。科学教师承担的是综合教学的任务，除了必要的教育科学知识，更需要具有广博的物理、化学、生物、天文和地理等科学领域的知识。教这样一门知识领域极其广阔的学科，要求教师必须通晓科学学科涉及的各个领域的专门知识，并及时了解科技和教育的最新观点、信息和研究成果，不断更新和完善自己的知识结构。

科学教师还要特别了解和掌握科学探究方法，合理运用科学探究方法。只有教师自身掌握了先进的教育教学理念，具有系统、全面的专业知识结构，具有高超的教学技能和良好的心理素质，才能适应新课程改革的需要，才能真正实现学生的自主发展。

提高大学生的科学素质是一个长期的复杂的过程。身为教育第一线的工作者要精心呵护大学生在学习过程中表现出来的学习热情和创造能力，唤起大学生的创造欲望；营造浓厚的创新氛围，给大学生以充足的时间和空间，逐步提升大学生敢于质疑、思考、探究、创造的科学素养。

# 第四节　其他方面的人文素质教育

## 一、哲学教育

马克思主义哲学能为人们认识世界与改造世界提供总体性和一般性的方法论。对学生进行马克思主义哲学教育的过程，就是锻炼学生思维的过程，这个过程将会用到逻辑分析、理性探讨的手段，进而上升到哲学的高度。通过不同哲学思想的碰撞，学生能树立正确的三观。

此外，哲学还具有批判功能，矛盾也是运动变化的，所以任何理论都是时代的产物，不可避免地带有时代的局限性。但是随着经济全球化的不断发展，文化与文化之间的交流碰撞逐渐加强，人们必须舍弃旧的、不合理的理念。

## 二、历史教育

意大利学者克罗齐说："历史是生活的教师。"[1] 历史对学生的作用主要体现在精神影响和思维能力上。历史是人类不断发展进步的经验史，可以启示人们借鉴古人的成败得失，帮助学生体会人与自然、人与社会和谐共处的真谛。历史有助于学生养成正确的人生态度和价值观。历史学科的功能和作用在于学生通过历史知识这个庞大厚重的载体，去认识社会变迁的规律和

---

[1] 克罗齐：《历史学——理论和实践》，中国社会科学出版社1999年版。

趋势，以利于形成正确的三观。"学史使人明智"，这里的"智"，既包括对往事的借鉴，也包括推陈出新的创新。任何社会进步和发展都是历史的产物，都是以历史为前提，历史能帮助我们寻找社会发展的规律。

## 三、文学教育

从屈原的《离骚》到毛泽东的《沁园春·雪》，中国文学以特有的形象性描绘出大自然的绝美风格，又通过对自然的描述揭示人与人之间的情感，以文学展示对人性、人生、人与自然的思考。文学教育会给学生打开一个认识人生百态的新天地，为学生提供一个陶冶情操的完美艺术领域。完整人格的形成离不开文学教育的熏陶和对美的感受。社会越进步，人们对文学情感的需求越强烈。

## 四、行为规范教育

良好的行为规范有助于学生适应社会发展的需要。在社会生活中有着许多需要人们去遵守的规则，如果没有明确的行为规范教育，没有外部的行为准则，学生很难形成内在的道德。行为规范教育则能促进学生形成道德良知，让整个行为有法可依；稳定学生的情绪，将外部行为要求转化为内在道德良知。行为规范教育能帮助学生形成良好的个性和品德，培养学生的独立性和意志力。

## 五、传统文化教育

中国传统文化是中华民族的瑰宝,是几千年来劳动人民智慧的结晶。从文天祥的"人生自古谁无死,留取丹心照汗青"到顾炎武的"天下兴亡,匹夫有责",从屈原的"路漫漫其修远兮,吾将上下而求索"到鲁迅的"横眉冷对千夫指,俯首甘为孺子牛",都展现了中华民族的脊梁,这些人的精神凝聚成了中华民族的文化精华。民族传统文化对培养学生的创新精神、爱国主义、集体主义,继承和发扬民族的光荣传统都具有十分重要的意义。

## 六、敬业与奉献精神教育

敬业,即用一种严肃认真的态度对待自己的工作,认真负责,任劳任怨。敬业和奉献往往是紧密联系在一起的。所谓奉献,就是一心为他人、为社会、为国家做贡献。奉献是在贯穿敬业等优良职业道德品质的基础上长期产生的。雷锋、孔繁森等同志,之所以受到人们的尊敬,主要是因为他们在各自的工作岗位上兢兢业业,无私奉献。奉献可以说是社会主义职业道德的最高标准。一个人如果真正做到了奉献,那么他就能做到爱岗敬业。同时,他无论在什么场合,都能够爱国守法、团结友善。奉献是社会主义公民做人的最高境界,一个社会主义公民能够无私地奉献,就是值得我们学习的榜样。

# 第六章 大学生人文素质教育的拓展渠道

近年来,在教育部的大力推动下,我国高校人文素质教育的拓展教育取得了丰硕的成果。但鉴于目前我国高校尤其是高职院校对开展人文素质教育的拓展教育的方法和规律的研究还相对缺乏,高校应重视大学生人文素质教育。有一些高校取得了一些成绩,如佛山职业技术学院在具体操作上,吸取传统专业教育的经验和教训,一方面注重引导和激发师生参与人文素质教育的主动性和积极性,另一方面,结合学校自身特色和时代要求,积极搭建人文素质拓展平台,开展富有自身特色的人文素质拓展活动,搭建行之有效的人文素质拓展渠道。本章将探讨大学生人文素质的拓展渠道。

## 第一节 举办高校名师讲坛

现代大学之"大",既有"大师"之"大",也有"大楼"之"大",另外还有学科、专业向综合性方向发展之"大"。充分利用现代大学之"大",营造校园人文素质拓展的氛围,为大学生搭建学校层面的拓展平台也非常重要。

举办高校名师讲坛是大学生人文素质拓展的第一大渠道。名师讲坛是开展人文素质拓展的重要形式之一，为大学生有效地丰富知识、增长见闻提供了文化盛宴。有学术水平较高的知名专家或领域里的翘楚围绕领域内问题进行的学术讲座；有社会名人，包括知名科学家、著名高校校长等所做的演讲、讲座；有主题宽泛"自助餐式"自由的论坛或研讨式讲座，听者可以根据自己的兴趣爱好，与授课者自由地讨论交流。各界名流到校园开展讲座，既是讲座者本人思想的传输，也让在校大学生博采众长、兼收并蓄。校园讲座作为培养时代人才的一个重要手段，能够帮助和引导大学生在知识高速增长的现代社会，超越自身学科专业的局限，形成敏锐的创新意识和较宽的创新视野。每一次名师讲坛，都能给学生带来心灵的启发，使其成为知识、精神盛宴的享受者、感染者和受益者。许多高校在开展讲座活动的过程中也注重品牌的塑造，形成具有自身特色的校园文化品牌。

高校名师讲坛是传播知识、传承文明的平台，也是和谐校园文化的重要组成部分，在提升学生人文素养和促进学生全面发展方面发挥着重要作用。首先，高校名师讲坛作为创新和谐校园文化建设的载体，其本身蕴含着学校自身深厚的文化底蕴，展现出各自校园文化的特色；同时作为优秀校园文化品牌的标识和文化交流的良好平台，发挥了启迪思维、塑造人格、弘扬先进文化、传承大学精神的作用。其次，名师讲坛也是弘扬优秀传统文化、提升人文素养的窗口，作为一个文化交流的平台，打破了区域的界限，促进了文化的交流。在名师讲坛会上，广大师生可以与主讲嘉宾进行跨学科、跨领域的交流，并进行互动式讨论，这大大地激发了师生的创造性思维，为广大师生打开了一扇文化窗口，开拓了师生的文化视野。再次，高校名师讲坛又是加强优秀传统文化教育的有益补充，是素质教育的开放课堂，是大学生与外界沟通交流的新平台。专家们的解读和讲解，增强了大学生学习传统文化的兴趣，有效地强化了大学生素质教育的效果。高校名师讲坛已成为大学校园中一种普遍的文化现象，其自身独特的形式在丰富校园文化生活、活跃学术氛围、提高学生人文素养、充实大学人文精神等方面发挥着积极的促进作用，越来越受到高校领导的重视和广大师生的欢迎。较之传统的课堂教学，高校名师讲坛更具有灵活性、针对性、时代性，更能活跃学习气氛、激发学习兴趣，从而提高人才的综合素质。最后，高校名师讲坛适应时代发展的要求，创新了大学生人文素质教育的形式。其主讲内容紧跟时代步伐，目标定位符合学生需求，在启迪思维、塑造人格、弘扬先进文化、传承大学精神、提升大学生的人文素养等方面的作用日益凸显。

综上所述，高校名师讲坛在人文素质拓展教育中发挥的作用主要表现在三个方面。

第一，高校名师讲坛，丰富了大学生人文素质教育的内容，有利于提升大学生的人文素养。

我国很多高校的名师讲坛在创办之初就依托地域文化、校园历史传承、校园标志性景观或校训等来命名，本身就承载了一定的文化内涵，赋予了大学生人文素质教育新的内涵。针对学生的不同需要，邀请国内外著名专家、学者、社会名流前来讲学，向学生传递当今时代政治、经济、科技发展的前沿思想和研究成果，为学生分析解读世情、国情、形势政策等社会热点，与同学一同分享历史文化、文学艺术、经济金融等人文关怀。通过一场场精彩的讲座，大学生开阔了视野，活跃了思维，增长了见识，丰富了人生感悟，激发了学习的积极性、主动性，这为学生学好专业以及今后的发展奠定了坚实的文化基础和深厚的人文底蕴。

第二，高校名师讲坛是加强大学生人文素质教育的有效途径，有利于增强大学生的社会责任感。

加强和谐校园文化建设，全面实施素质教育，促进学生健康成长和全面发展，是高校的办学追求和目标。近年来，各高职院校纷纷开设名师讲坛，以名师讲坛为载体，推动大学生人文素质教育，凸显了其重要的文化价值。讲座嘉宾从传统文化到现代文明、从国际形势到民族伟大复兴、从思想道德到成人成才、从哲学伦理到学术前沿娓娓道来。他们展现出的丰富人生阅历、崇高爱国情怀、渊博学科知识、严谨治学精神，深深地感染着每位聆听者，使大学生升华了人格，提高了境界，振奋了精神，激发了爱国主义情感。高校名师讲坛不仅活跃了校园学术氛围，丰富了校园精神文化，而且还成为加强大学生人文素质教育的有效途径，培养了大学生的人文精神，增强了大学生的社会责任感。

第三，高校名师讲坛作为文化交流的平台，有利于强化大学生人文素质教育的实效。

如今社会在人才选拔上越来越重视其人文素质，而且教育界呼吁加强人文素质教育，许多大学生开始认识到人文素质对自身素质发展的重要性，并付诸行动，以提高自身的人文素质。同时，高校采取开设通识课、加强师资培训，强化人文素质教育、改善校园文化建设等一系列措施，使大学生人文素质教育取得了明显成效。

高校要立足于以良好的人文环境促进大学生人文素质培养，将名师讲坛作为大学生人文素质拓展的第一大渠道，为大学生人文素质拓展搭建平台，借助这一平台推进人文素质拓展教育。结合专业特点，整合各类讲座，打造富有学校办学特色的讲座品牌，形成三个体系，即以社会知名人士为主体的社会名流讲坛、以知名企业家为主体的企业家讲坛、以知名校友为主体的杰出校友讲坛，重点打造精品讲坛；在讲座的选题方面，以在人文领域有着深刻的见解、最前沿、有思想交锋的热点社会问题为主，包括社会、政治、经济、文化、艺术等主要内容，旨在通过充分利用丰富的校内外资源，满足大学生人文素质拓展的实际需要，拓宽学生在经济、社会、科学等更多领域的视野，引导学生追求高品位文化和主流价值，营造校园传播优秀文化的氛围和良好的精神文化氛围，培养大学生的人文气息，丰富大学生的精神生活，提升大学生的精神境界，提高大学生的人文素养，为大学生人文素质拓展提供有力支撑。

# 第二节 规范校园文化活动

大学生人文素质拓展工作应根据社会的发展和目前高校的实际情况，与时俱进地展开，这就需要政府及有关各方不断更新观念，大力进行改革，努力探索适合21世纪需要的具有较高人文素质的复合型人才培养模式。其中，颇有成效的一种方式是以校园活动为载体，不断地开展各种文化活动，将教育内容寓于各种文化活动中，使大学生在参与文化活动的过程中接受人文素质教育，拓展人文知识，净化心灵，提升境界，发展能力，提高人文素质。

## 一、校园文化活动的开展

规范校园文化活动是大学生人文素质拓展的第三大渠道。如何规范则需要从学校层面和校园文化活动层面逐步展开。

### （一）学校层面

首先，大学的校园文化活动实际上是最好的人文素质教育，它的多样性具有强化人文素质的导向作用。例如，各种文化、体育、读书、竞赛、科技、沙龙等活动，这些活动充满着积极向上的人文精神，学校应以"贴近师生、全面受益、重点扶持、特色优先"为原则，建立融"主体性、职业性和开放性为一体"的学生文化活动体系，分门别类地完善文学艺术、体育运动、学习竞赛、大众传媒、志愿服务、思想教育、心理健康等覆盖各个领域的社团组织，扩大招收音乐、舞蹈、美术、体育、文学类特长生，充实学生社团，重点扶持有特色和有优势的学生社团力创精品，丰富第二课堂，提升学生的人文素质、科技素质和职业能力。

其次，在新的历史时期、新的形势下，为了与时俱进，学校有关部门要加大力度，多方面支持大学生的校园文化活动，在保证大学生优秀社团文化活动延续的情况下，对于优秀的活动项目，校方要给予积极的肯定与配合，必要时可以提供一定的资金和其他方面的支持，避免使立意非常好的社团活动因为学生力量的不足而搁浅，应使富有人文素质教育积极意义的学生社团活动扩大规模和影响面；对于符合人文素质教育导向的好的校园文化，校方应当鼓励并协助其加大宣传力度，加大活动的参与面和辐射面，不能停留在活动的现象层面；对于社团活动的意义和价值，在宣传工作上要动脑筋、下功夫，要进行人文素质教育意义方面的深度挖掘和总结，使好的活动取得更大的人文素质教育感召力和影响力。

再次，校方不仅要支持学生自发自主的活动，也要以校方为主体创办好活动。一般情况下，校方主办的活动的教育目标更明确、资源更多、影响力更大，甚至可以通过整合利用学生社团的人力资源，举办立意更深刻、教育目的更直接的大型校园文化活动，如文化节、校际交流、大型演出、杰出人物和优秀事迹演讲报告会、大型社会考察实践活动、大型公益活动等。这些活动的举办不仅有利于对学生进行生动的人文素质教育，还有利于丰富和提升校园文化生活的内容和品位，更可以提高大学的声望，扩大大学文化对于社会精神文明的积极影响，高校应当加大大学生实践活动的力度和深度，使大学生对实践活动的深层意义有比较全面深刻的认识，以提高广大学生参与活动的积极性。

最后，实践活动的有关组织者、领导者要提高自身的教育水平和活动组织能力，注重在活动中对参与成员的积极引导和生动教育，要率先垂范、以身作则。社会实践活动结束后，要注重积极发掘和总结本次实践活动在人文素质教育方面的深远意义，使教育活动成果深入宣传和充分交流，鼓励并组织以发表文章、交流讨论和报告会等形式让参与成员向未参与活动的其他同学分享自己的亲身体验和切身感悟。让下乡支教、科技服务、法律服务、志愿者活动等非常有意义和感染力的实践活动以其不可替代的生动、深刻、真实、感人的特点，获得更大的受众辐射面和人文素质教育成效。

## （二）传统文化活动层面

首先，对传统的活动载体进行改进、创新，不断开发新的活动载体，进一步增强活动的人文性、趣味性，重视大学生的网络人文素质教育。积极运用现代网络技术，构建人文素质教育网络平台，建设网络人文素质教育资源库；开辟具有特色的人文知识栏目，开展历史文化图片展览、大学生人文论坛等网络化人文素质教育实践活动。其次，积极开展社团文化建设，发挥社团组织在学生自主学习、个性发展、人文素质提高方面的积极作用。加强对社团活动的指导，将人文素质教育内容渗透到社团活动中去，加大人文性、思想性文化活动的分量，提高社团的文化品位。再次，引导学生走出校园，走向社会，使其在实践中开阔眼界，拓展知识，提高人文素质。最后，大力开展以学生艺术节为主的校园文化活动，举办传统文化经典诵读比赛等活动，不断丰富学生业余生活，拓宽大学生人文素质教育渠道，用校园文化的潜移默化作用培育大学生的人文精神。

## 二、规范校园文化活动的五个步骤

第一，规范校园文化活动，需要从宏观的角度搭建广阔的社会平台。

服务社会是现代大学的一项重要职能，现代大学与社会联系广泛，大学应结合自身的优势学科、特色专业，在广度和深度上服务社会，社会广阔的资源也能够很好地回馈大学，使其顺利开展人文素质教育。比如，大学利用社会资源建立了若干人文素质教育基地、爱国主义教育基地、就业创业实习基地、社会实践基地等社会平台。这既是大学服务社会的窗口，也是大学生主动接触社会、自觉服务社会发展、锻炼自我的平台。大学加强与这"四大类基地"的联系，可以帮助大学生深入社会、了解社会、学习社会，使其通过社会调查、社会实践丰富社会知识、增长实践才干，提升人文素养。

第二，规范校园文化活动，需要从微观的角度搭建丰富的班级和社团平台。

班级和社团是大学最小的组织单元，但也是学生接触最多、对学生影响最大的活动平台。大学的班级、党团支部、社团组织是开展大学生人文素质教育最直接、最便捷、最有效的舞台。实践证明，一个班风优良的班级、一个志趣健康的社团能够促进组织内的学生更好地成长。大学应该重视班级和学生社团的建设,它们应该成为学校开展人文素质教育的主阵地。为此,大学要加强班主任和社团指导教师队伍建设,指导班级和社团有计划、有目标地开展特色主题素质拓展活动,通过学校层面组织评选诸如"最佳主题班日""最佳社团"等活动,调动学生参与人文素质拓展的积极性、创造性,活跃校园文化氛围,促进学生相互交流、相互影响、共同成长。

第三,规范校园文化活动,要按照校园文化的本质要求开展文化活动。

校园文化建设的功能不仅为高校提供一种新的教育内容和教育教学活动方式,更重要的是它为实现高校育人目标提供了新的视角。校园文化的核心和实质是超功利主义的,它以文化为载体,着眼于精神建设,直接服务于大学生的全面发展。高校要对校园文化的内涵和功能有一个科学的认识,真正按照校园文化的内在要求去搞好校园文化活动,而不能简单地满足于一般的管理和服务;要调动大学生的积极性、主动性、创造性,引导大学生开展各种积极健康的文化活动,使其在潜移默化中受到熏陶,得到教育;要充分发挥大学生社团的积极作用,着力扶持理论学习型社团,热情鼓励学术科技型社团,正确引导兴趣爱好型社团,积极倡导社会公益性社团;要积极开展名校名家讲座、学术报告、高层论坛、学术沙龙等学术活动,营造浓厚的学术文化氛围,使师生感受名师的思想、人格魅力及渊博的知识,提升自身素质。

第四，规范校园文化活动，要推动网络文化建设，创新校园文化建设的载体。

随着互联网的发展和高校信息化进程的加快，大学生已经成为网络用户的重要组成部分。网络以其开放性、虚拟性、双向性，以及超大容量的信息流对广大师生的思想道德观念和行为方式产生了较大影响。可以说，网络文化建设已成为高校校园文化建设不可忽略的重要阵地。根据大学生接收信息途径发生的新变化，我们要善于运用互联网等新兴媒体，构建积极健康的网络文化环境。学校要建设好融思想性、知识性、趣味性、服务性于一体的校园网站，丰富校园网络形式，有针对性地开办一些理论网站和健康论坛，传播优秀的校园文化内容，围绕一些重大问题进行积极引导，牢牢把握主动权，使网络成为教师与学生之间沟通的桥梁，成为校园文化建设的新阵地。此外，要引导学生遵守网络道德，树立网络法治意识，引导其自觉抵制网络垃圾的侵蚀，自觉维护网络秩序。

第五，规范校园文化活动，要搭建数字式校园文化活动平台，构建校校联动机制。

校园文化活动是校园文化中最活跃的动态因素。"微媒体"时代，建设数字式校园文化活动平台，及时、快捷、生动地传播校园文化，发布校园文化活动信息，这有助于调动师生参与活动的积极性和主动性，形成主办方与受众对象上下联动的格局。在数字式平台上，学生有了很强的主动权，不再仅仅是被动的信息接收者。学生可以使用微博参与信息发布,选择自己感兴趣的话题参与讨论,对自己感兴趣的活动加以关注。在校园文化活动日益丰富的今天,数字式的校园文化活动平台为学生提供了更为开放、自由的平台,学生通过@某人、转发、评论等功能推送信息,组织讨论,助力校园文化活动的推广。数字式校园文化活动平台拥有立体化、多层次的沟通网络,增强了校园文化活动的影响力。一方面,媒体的开放性增进了高校与外部社会之间的广泛交流,高校可以利用这一阵地,主动开辟、设置多种交互性强的栏目,通过在线交流、读者留言、微论坛等形式,拓展校园文化活动空间。另一方面,数字式平台的介入,还可实现校园文化活动线上与线下的配合、补充,在校园内广泛营造校园文化活动的开展氛围。

## 第三节  建立科学的考评机制

人文素质拓展教育最核心的部分应当是引导与评价。引导是指学校通过制度设计,激发大学生自觉选修人文课程,主动参与社会实践和课外自修,积极投身校园文化活动,把外部的被动压力变为自身主动的选择,努力提高自身的人文素质和思想品格。评价是学校通过素质档案建设,来记录学生素质发展的进程,认证学生的人文素质成果,并给予相应的褒奖和荣誉。因为只有积极的引导和客观的评价,再加上社会的认同,大学生在追求人文素质养成的过程中才会有动力。

建立科学的考评机制是大学生人文素质拓展的第五大渠道。构建科学的人文素质拓展教育考核评价体系，是高校学生人文素质拓展教育的关键所在。完善的人文素质拓展教育考核评价体系有利于构建人文素质培养模式，有利于学生知识、素质、能力的全面协调发展，对进一步更新教育思想、转变教育观念、拓宽教育渠道、深化教学内容和教学改革、提高教育质量和教育效果有巨大的推动作用。

第一，建立科学的考评机制，需要确立人文素质教育的考核评价标准和方法。

制定科学的、可操作的人文素质拓展教育考核评价标准。针对每一项评价内容制定评价标准，这个标准应结合有关教育文件、学校实际和不同院校的标杆做法来制定。它应该是具体的、可操作的，并且是有层次的，如达标标准、优秀标准、示范标准等。确立科学的人文素质拓展教育评价方法，主要是"定量评价"与"定性评价"相结合，并非所有的项目都能量化测评，因此应当将两种评价方法有机结合，在定量分析中合理运用定性方法，使量化指标的含义更清晰。具体方法包括查阅相关档案材料，召开相关领导、教师、学生座谈会，实地考察、个别访谈，设计调查问卷并对调查结果进行科学统计与分析等。

第二，建立科学的考评机制，需要构建完善的人文素质拓展教育考核评价内容。

高校人文素质拓展教育评价内容应包括三个方面：高校人文素质拓展教育的运行机制的评价，高校人文素质拓展教育的课程体系的评价，高校人文素质拓展教育的校园文化环境的评价。对高校人文素质拓展教育运行机制的评价主要是评价人文素质拓展教育的组织和落实情况，评价内容包括是否有组织领导、是否有工作机制、是否有经费保障、是否有考核等；对高校人文素质拓展教育的课程体系的评价，评价内容主要包括课程内容是否涵盖人文素质拓展课程，以及人文素质拓展课程的开设学时、方法、学生人数，人文素质拓展课程在全部课程中所处的位置等；对高校人文素质拓展教育的校园文化环境的评价，该评价体系所评价的内容主要包括完善健全的学校规章制度，先进的办学理念，健康的校风、校训，良好的周边环境，净化、绿化、美化的校内环境等。这是因为校园文化环境由学校硬件设施环境所包含的文化形态和校园软件设施所蕴含的文化氛围共同组成。

第三，建立科学的考评机制，需要提供多维度的考评标准。

素质是看不见、摸不着的，当同学们参与了一系列的人文素质拓展项目后，成效如何，人文素养提高了多少，比较难有一个确切的考核评价。怎么对大学生的人文素质拓展进行科学有效的考评，这既是一个难点，也是一个导向。因此，应建立多维度的考评标准。人文素质拓展具有一定的特殊性。有些高等院校将人文素质分为"德育""智育""技能""创新能力""组织活动能力""人际交往与心理健康"六个方面，在进行考核时，分别赋予其不同分值并进行量化测评。人文素质拓展考评的形式要多样化，多维度，可以采用小论文，也可以采用调研报告的方式，还可以采用学生的获奖作品等各种方式。在学生毕业时，部分高校按照学生的测评总成绩来发放高校学生人文素质养成证书。

第四，建立科学的考评机制，需要考评学生的日常表现。

学生的日常行为表现往往能准确体现学生的人文素质修养，特别是一些细小的事情，反而成为衡量学生人文素养高低的重要标志。因此人文素质拓展教育考评要特别注重学生的日常表现，不但注重课堂表现、作业表现，而且要注重学生互评，其表现结果将成为对学生综合测评的重要依据，并要将考评结果及时反馈给学生，征求学生自身的意见，从而达到沟通思想的效果，使学生能够"自我认识""自我反省"。

第五，建立科学的考评机制，需要打造学分认证平台。

学分是教学环节计量的单位和手段，学生是素质拓展工作的主体，应将大学生素质拓展作为活动课程纳入学校的人才培养方案，以学分制形式推进素质拓展活动的实施。建立一个科学、准确、客观的考核评价体系，充分调动学生参与活动的积极性，使学生认识到素质拓展的重要性，增强其自我提升的主动意识。

学生参与人文素质拓展活动得到相关机构认证之后可以给予相应学分，通过素质拓展学分认证网络评分，记录学生参与融入素质拓展的第二课堂活动的时间、次数、形式、内容和学分。素质拓展考核认证过程中，要依据素质拓展活动不同的级别、内容和效果设置不同的学分。学分认证网络平台要基于高校的办公自动化平台建设实现网络管理化，通过整合，与高校网络办公系统、高校通信宣传平台对接，有利于学生学分管理科学化和活动开展便捷化。遵循主办者负责认证的原则，如团委主办的素质拓展活动由团委负责。素质拓展学分认证网络平台包括系统管理模块、素质拓展模块、网站管理模块、系统维护模块，实施学分预警机制，这样学生就可以时刻掌握自己的学分情况，掌握学校开设素质拓展活动的内容、形式和时间。学生通过活动积累一定的学分，最终获得高校颁发的素质拓展证书。学分认证网络平台有利于素质拓展学分认证过程规范化和精细化，可以有效地进行素质拓展活动信息化统计，监控学生参与素质拓展训练活动的现状，了解学生对具体拓展项目活动的偏爱程度；同时可以激发学生参与素质拓展的热情，鼓励学生积极参与社会实践活动、文艺活动、体育活动、社团活动等第二课堂活动，通过参与提升其人文素养。

1.打造学分认证平台，实现管理信息化。为减少师生在素质拓展管理上的时间和精力，更好地实施大学生素质拓展计划，规范开展素质拓展活动，确保活动项目的发布、报名、组织、认证等管理工作高效有序，需加强信息化建设，研发并推出一套大学生素质拓展网络管理系统，保证良好的交互性、时代性和开放性，增加工作透明度，提高素质拓展活动的质量和效益。

2.打造学分认证平台，编订《大学生素质拓展指导手册》（以下简称《指导手册》）和《大学生素质拓展认证手册》（以下简称《认证手册》）。《指导手册》让大学生素质拓展计划有"教学大纲"和"教材"，引导学生积极投身素质拓展计划，有助于学生分阶段、分类别、分层次选择有利于拓展自身素质的项目，确保质量和效果；《认证手册》采用以过程记录为主的方式，用于记录学生在素质培养和发展过程中的重要经历和取得的主要成就，为社会认同大学生素质拓展训练过程提供凭证和参考。

3.打造学分认证平台，需要协调多方力量。大学生素质拓展计划的实施是一项庞大的工程，需要一个强有力的组织体系保证，仅仅靠团组织的力量远远不够。学院学生素质拓展组织机构应由院、系、班三级组成，分别负责素质拓展工作的指导、规划、实施和学分认证。完善三级联动组织体系，形成强大合力，对素质拓展工作进行统筹协调，确保素质拓展组织管理工作的规范化。实现大学生素质拓展结构的科学化，打造学分认证平台，实行分级打分。按照分层规划、分级设计的原则。

高校每年统一规定素质拓展活动，根据办学实际、人才培养要求、学生成长发展规律，按照团中央、教育部等的规定，把素质拓展项目划分为五大模块：社会实践与志愿服务模块、学术科技与创新创业模块、文化艺术与身心发展模块、社团活动与社会工作模块和技能培养模块。将素质拓展活动分为国家级、省级、市级、院级、系级五个级别。同类别下一级活动的分值原则上不能高于上一级，同一个活动不重复计分，逐级选拔的活动只计最高分。将素质拓展学分纳入人才培养方案，与学生学历、学位相挂钩，实现素质拓展活动项目化管理、课程化考核。

# 参考文献

[1] 陈鑫. 新媒体环境下大学生人文素质教育研究 [M]. 延吉：延边大学出版社，2022.

[2] 廖杨，蒙丽. 现代生活的文化解读 [M]. 北京：科学出版社，2022.

[3] 王细芝. 大学生人文素质教育研究 [M]. 北京：中国纺织出版社，2022.

[4] 金晓萌，潘红，高飞. 新时代人文素质教育与高校课程教学改革 [M]. 长春：吉林出版集团股份有限公司，2022.

[5] 宋娜. 素质教育与校园教育管理 [M]. 长春：吉林出版集团股份有限公司，2021.

[6] 郝文捷. 高等院校人文素质教育系列教材音乐欣赏 [M]. 北京：清华大学出版社，2022.

[7] 崔平，杨中碧. 青年学生素质教育系列教材礼仪与文化版 [M]. 北京：清华大学出版社，2022.

[8] 张子泉. 高等院校人文素质教育系列教材应用文写作 [M]. 北京：清华大学出版社，2022：10.

[9] 马振荣. 十三五职业教育国家规划教材大学人文基础：4版 [M]. 北京：高等教育出版社，2022.

[10] 张艳国. 双减背景下的素质教育论 [M]. 北京：知识产权出版社，2022.

[11] 何新华. 当代大学生人文素质教育研究 [J]. 文学教育（中旬版），2021（4）：128-129.

[12] 叶国明. 高职院校人文素质教育之我见 [J]. 文学教育（下半月版），2021（8）：160-161.

[13] 谢文娜. 学校图书馆的人文素质教育功能 [J]. 参花，2021（2）：123-124.

[14] 李云娜. 古代文学与当代人文素质教育的联系 [J]. 时代报告（奔流），2021（5）：14-15.

[15] 李美珍. 高校人文素质教育政策的变迁与展望 [J]. 国内高等教育教学研究动态，2020（11）：3.

[16] 朱卉平. 高校人文素质教育课程体系的构建 [J]. 学园，2020（18）：89-90.

[17] 梁晓彤. 高校人文素质教育协同机制构建 [J]. 鄂州大学学报，2020（1）：74-76.

[18] 郭莹，杨迪. 高校人文素质教育现状及对策分析 [J]. 山西青年，2020（18）3-34.

[19] 钟楚君. 人文素质教育融入学生心理健康教育课的实践 [J]. 教育信息化论坛，2022（12）：90-92.

[20] 武永江. 高校思想政治教育共同体研究[J]. 学术探索，2022（12）：147-152.

[21] 赵鼎洲. 协同创新背景下的高校教师教育共同体研究[J]. 黑龙江教育学院学报，2018（4）：21-23.